U0897703

长三角一体化发展国家战略的新思考和新实践

上海市发展改革研究院◎著

上海人民出版社

目 录

前　言

长江三角洲（以下简称长三角）地区是我国经济发展最活跃、开放程度最高、创新能力最强的区域之一，在国家现代化建设大局和全方位开放格局中具有举足轻重的战略地位。推动长三角一体化发展，增强长三角地区整体优势和竞争能力，提高经济集聚度、科技创新能力和政策协同效率，对引领全国高质量发展、加快构建以国内大循环为主体、国内国际双循环相互促进的新发展格局意义重大。

长三角一体化发展是习近平总书记亲自谋划、亲自部署、亲自推动的国家战略，并就此做出了一系列重要讲话和指示批示。早在2003年，习近平总书记在地方工作时就倡导推动长三角一体化发展，并一直高度关心重视，提出明确要求，持续推动长三角高质量一体化进程。改革开放特别是党的十八大以来，长三角一体化发展取得明显成效，经济社会发展走在全国前列，具备更高起点上推动更高质量一体化发展的良好条件。2018年11月5日，习近平总书记在首届中国国际进口博览会上宣布，支持长江三角洲区域一体化发展并上升为国家战略，着力落实新发展理念，构建现代化经济体系，推进更高起点的深化改革和更高层次的对外开放，同“一带一路”建设、京津冀协同发展、长江经济带发展、粤港澳大湾区建设相互配合，完善中国改革开放空间布局。2020年8月20日，习近平总书记主持召开扎实推进长三角一体化发展座谈会，提出了长三角一体化的“三大使命、七项任务和一个保障”的要求，即率先形成新发展格局，勇当我国科技和产业创新的开路先锋，加快打造改革开放新高地；推动长三角区域经济高质量发展，加大科技攻关力度，提升长三角城市发展质量，增强欠发达区域高质量发展动能，推动浦东高水平改革开放，夯实长三角地区绿色发展基础，促进基本公共服务便利共享；要提高党把方向、谋大局、定政策、促改革的能力和定力，为长三角一体化发展提供坚强政治保障。

近年来，长三角三省一市在党中央坚强领导下，坚持以习近平新时代中国特色社会主义思想为指导，立足全国一盘棋，紧扣一体化和高质量两个关键词，聚焦“一极三区一高地”战略定位，狠抓《长江三角洲区域一体化发展规划纲要》和《长三角地区一体化发展三年行动计划》落实，合力种好长三角生态绿色一体化发展示范区的改革试验田，集中精力确保各项合作事项落地见效，一体化发展进入了前所未有的加速期，长三角呈现出上海龙头高高引领、苏浙两翼开合奋进、安徽强势发力的高质量发展态势。特别是2020年习近平总书记“8·20”讲话以来，三省一市进一步紧密携手，办成了许多过去想办而没有办成的事，在中美经贸摩擦和疫情灾情等大战大考中经受住了考验，长三角成为全国复工复产最早、成效最好的区域之一，以自身的“稳”和“进”有力支撑了全国发展大局。这些都有力检验了一体化合作机制的效果，充分印证了中央关于长三角一体化发展重大决策的高瞻远瞩、深谋远虑。

针对上述背景，上海市发展改革研究院启动“长三角一体化发展国家战略的新思考和新实践”研究，充分发挥紧密服务长三角区域合作办公室的优势专长，深入一线调研，系统思考政策建议，不断总结各地实践，为长三角一体化发展国家战略起到积极的参谋助手作用。

本书基本内容来自上海市发展改革研究院近年来的调研成果、决策专报以及相关的课题研究。本书观点仅限于学术研究范畴，不代表上海市政府政策。不当之处，敬请批评指正。

第一章

深刻认识长三角一体化发展的战略意图

从1982年提出“以上海为中心建立长三角经济圈”开始，到2019年12月中共中央、国务院正式印发《长江三角洲区域一体化发展规划纲要》(以下简称《规划纲要》)，历经近40年，长三角一体化发展根据不同时期的主要任务不断探索深化和完善，紧扣“一体化”和“高质量”两个关键，逐步走出了一条引领区域经济高质量发展的现实路径。本章主要分析阐述长三角一体化国家战略的历史使命、发展现状和总体方向思路。

第一节　长三角在我国经济社会发展中的地位和作用

习近平总书记对长三角一体化发展亲自关心、亲自谋划、亲自推动，做出了一系列重要讲话和指示批示，为长三角一体化赋予了更重要的历史使命和更深刻的战略内涵，我们必须充分理解党中央的战略使命和意图。

一、长三角一体化发展的战略意图

当前，我国经济正从高速增长阶段迈向高质量发展阶段，处在新旧动能转换的重要关口，中美关系持续恶化给全球政治经济格局带来重大外部不确定性。面对这三大时代背景，习近平总书记将长三角一体化发展上升为国家战略，这是党中央面对百年未有之大变局，在瞬息万变的世界中赢得战略主动的一步“先手棋”。深刻领会长三角一体化在党中央部署全局战略的意图，必须深刻理解长三角一体化在新时代的历史使命。

（一）历史使命

长三角地区要努力成为率先基本实现现代化的“领头雁”。长三角地区在我国现代化建设大局中占有十分重要地位，有责任在全面建设社会主义现代化新征程中继续走在前列。长三角占全国 1/26 的空间、1/6 的人口，创造的 GDP 占全国比重从改革开放之初的 1/5 上升到目前的近 1/4，已跻身世界第六大城市群。但必须清醒地认识到与世界其他城市群相比仍有较大差距，如美国以纽约为核心的大西洋沿岸城市群占美国面积 1.5%、人口占 20%、制造业产值占 70%、城市化水平超过 90%，人均 GDP 是长三角的 5 倍多。推动长三角一体化，就是要求长三角继续提高对全国经济贡献率，围绕打造全国强劲活跃增长极目标，更好发挥上海龙头作用，深化与周边城市分工协作，进一步做大经济规模，提升在全国经济的比重。长三角地区要充分发挥经济基础好、能力强、韧性足的优势，通过区域合作提高整体经济效率和对全国经济的影响力，更注重经济质量与效能，不断增强经济科技硬实力和制度创新软实力优势，能扛得住经济下行压力，始终保持稳定增长，成为全国发展的重要“压舱石”。

长三角地区要努力成为应对中美经贸摩擦的“突击队”。我们要清醒地认识到虽然我国已成为世界第一制造大国和第二经济大国，但在科技创新、高端制造、关键技术等领域与美国仍存在较大差距，我国的制造业在全球产业链中仍处于中低端，很多关键技术被卡脖子，高端产品严重依赖进口。推动长三角一体化，就是要求长三角能在技术创新领域率先突破封锁重围，发挥上海张江和安徽合肥两大综合性国家科学中心、全国近 1/4 的“双一流”高校以及众多国家重点实验室和工程研究中心等创新资源优势，在攻克“卡脖子”关键技术等方面更好地承担“国家队”的角色，联合攻关、加快突破集成电路、人工智能、生物医药等重点领域关键共性技术、前沿引领技术、现代工程技术和颠覆性技术，成为全国重要的创新策源地。在国家坚定维护经济全球化的背景下，长三角还承担着带领全国在更高起点深化改革和更高层次对外开放的重任，进一步发挥好长三角开放口岸多、外向型经济强、营商环境接轨国际、拥有自贸区平台等优势，利用好超过全国 1/3 的外资，积极吸引全球人才、资本、科技、企业等高端资源，增强在国际规则制定中的话语权，增强我国在贸易摩擦中的实力与底气，继续发挥对内对外两个扇面的关键枢纽作用，带动东部地区乃至全国共同参与全球竞争与合作。

长三角地区要努力成为实现新旧动能转换的“动力源”。在当前新旧动能转换的关键时期，长三角除了自身要发展，更需要引领东部地区乃至全国实现高质量发展。长三角三省一市是我国制造业体系最完备的区域，在传统制造业领域已经形成汽车、装备制造、钢铁石化等若干个世界级产业集群，集成电路和软件信息服务产业规模分别约占全国 1/2 和 1/3，正逐步形成人工智能等新兴产业高地。推动长三角一体化发展，就是要求三省一市发挥各自产业优势，加深合作分工，围绕全国高质量发展样板区的定位，聚焦前沿领域和未来需求，不断做大做强战略性新兴产业、涌现新技术、培育新业态、形成新动能，提升科技创新和产业融合发展能力，挖掘新的增长动力，诞生和培育一批诸如华为的标志性企业，为长三角及全国范围输送不竭动力，推动质量变革、效益变革、动力变革，在全国高质量发展版图上成为最闪耀的板块。

（二）核心内涵

区域一体化是区域协调发展的高级形态，强调“不分你我”，实现资源要素的无障碍自由流动和地区间的全方位开放合作。改革开放以来，传统区域经济政策在刺激“行政区经济”发展的同时强化了地区间行政壁垒，制约了区域一体化和市场作用的发挥。党的十九大明确提出建立更加有效的区域协调发展新机制，形成以城市群为主体，大中小城市和小城镇协调发展的城镇格局。长三角地缘相近、人员相亲、经济相融、文化相通、合作基础扎实，是国内推动一体化发展最有条件和能力的空间板块。

长三角一体化的核心内涵就是要坚持“四个放在”，坚决破除本位主义的思维定式，勇于打破“一亩三分地”思想和地方保护主义，冲破行政区经济壁垒的长期桎梏。三省一市树立大局意识、全局观念，多算国家账、整体账、长远账，创造促进资源要素自由流动的更行之有效的一体化制度安排，提升区域资源配置效率和全球资源吸纳能力。

长三角一体化立足国家区域协调发展战略，推进深度对接发展规划，加强重大战略和改革协同，提升专题合作质量，深化区域一体化市场建设，创新做实区域合作机制。聚焦规划管理、土地管理、投资管理、要素流动、财税分享、公共服务政策等重点领域，率先实现规划一张图、交通一张图、环保一根线、市场一体化、治理一个章、民生一卡通、居民一家亲，探索从区域项目协同走向区域一体化制度创新。三省一市合力探索区域一体化发展体制机制和路径模式，为东部地区，乃至全国区域协调发展提供更多可复制、可推广的经验。

（三）实践要求

习近平总书记强调长三角一体化要树立“一盘棋”思想，上海要发挥龙头带动作用，苏浙皖要各扬所长。三省一市应深化分工合作，扬长避短、优势互补，实现错位发展，把各自优势变为整体优势，不断提升区域发展的整体能效和核心竞争力，形成更加紧密的区域发展共同体。分工合作是区域协调发展的大势和潮流，三省一市一条心谋划、一盘棋布局，充分利用上海综合服务功能齐全，江苏实体制造业实力强，浙江民营经济活跃，安徽科技积累强且人力成本低等特点和优势，拉长各自长板，发挥比较优势，强强联合，重新组成更大的木桶，去盛更多的水，形成优势互补的区域分工体系和一体化发展合力。

形成一盘棋的工作格局需要进一步加强要素资源整合，推进区域产业链重构和价值链升级。上海要充分发挥全国最大的经济中心城市功能，既要努力拉长长板，更要积极贡献长板，既要构筑中心城功能优势，更要为长三角其他地区发展赋能提速。三省一市共同推进区域高质量一体化发展，带动整个长江经济带和华东地区发展，形成高质量发展的区域集群。

推动长三角一体化发展并不是要求长三角“一样化”发展，而是用开放的思路和创新的探索不断实践。长三角是共性与个性相得益彰的一体化，一体化发展既要通过多层次，多领域的共建共享共管，更要支持各地打造特色亮点，彰显个性特征，形成多姿多彩、交相辉映的发展格局。长三角是合作与竞争相互促进的一体化，既要在产业体系，基础设施，生态环境，公共服务等方面深化全方位、多层次的合作，持续泛化规模效应、协同效应、集聚效应，同时也要形成百舸争流的生动局面，让一切有利于一体化发展的活力和源泉竞相迸发。长三角是集聚和辐射相辅相成的一体化，既要着力提升长三角集聚全球资源要素的能力，在更大范围吸引资金，吸引技术，吸引人才，更要着力增强辐射带动的领域，使东部地区和全国都能够通过长三角的平台通道，利用国内外资源，实现更高质量的发展。

二、发挥服务全国高质量发展作用

更好辐射引领东部地区乃至全国高质量发展，重点就是围绕国家《规划纲要》明确的“一极三区一高地”定位，发挥好全国强劲活跃增长极、科技创新策源地、改革开放新高地、一体化发展示范区四个方面的作用。

（一）以推进高质量发展为着眼点，发挥好强劲活跃增长极作用

长三角地区经济总量约占全国的1/4，全员劳动生产率位居全国前列，人口总量占全国的1/6，常住人口城镇化率超过60%，地方财政收入占全国的1/7，已经成为我国重要增长极。但与国内外其他城市群及湾区相比，仍有较大的提升空间，长三角中心区城市人均产出和地均产出低于粤港澳城市群，人均产出不足旧金山湾区的1/7，地均产出也只有纽约湾区的约1/7。

当好全国发展强劲活跃增长极，长三角地区必须继续做大做强总体经济规模，提高经济发展质量效益，同时发挥空间上的核心带动作用。一是增强经济发展的韧劲，保持健康稳定的经济增速，持续提高对全国经济增长的贡

献度。二是坚持高质量发展，打造产业升级版和实体经济发展高地，不断提升在全球价值链中的位势，为高质量一体化发展注入强劲动能。具体讲，要聚焦集成电路、生物医药、人工智能、大飞机、高端装备等优势产业，共同打造若干世界级产业集群，培育一批具有国际竞争力的龙头企业和“隐形冠军”企业，推动产业迭代升级迈向中高端。要聚焦类脑芯片、靶向药物、空天海洋等科技创新的尖端和前沿领域，加快培育发展新兴产业，超前布局未来产业。要聚焦人工智能、物联网、卫星导航等新技术研发应用，推进与产业融合，发展平台经济、共享经济、体验经济，加快形成经济发展新动能。三是在空间布局上注重点线面结合，积极发挥上海、南京、杭州、合肥等中心城市集聚各类生产要素、配置资源的引领带动作用，大力推动沪宁合杭甬、沿江和沿海三条增长轴延伸发展，加快上海大都市圈、南京都市圈、杭州都市圈、合肥都市圈、苏锡常都市圈、宁波都市圈等都市圈联动发展，通过点上辐射、线上延伸、面上联动的方式，形成协同发展新格局，提升区域整体竞争力。上海将积极贡献自己的长板，发挥功能优势，为其他地区发展赋能提速，让兄弟省市更好地借助上海的平台、网络和通道，利用国内外的市场和资源，为长三角高质量发展和参与国际竞争提供有力支撑，实现“1+3>4”的效果。

（二）以建设区域创新共同体为牵引，发挥好全国创新策源地作用

长三角地区科技创新优势明显，拥有上海张江、安徽合肥两大综合性国家科学中心，全国约1/4的“双一流”高校、国家重点实验室、国家工程研究中心，近30%的人才具有国际教育背景，35%以上具有研究生及以上学历，年研发经费支出和有效发明专利数均占全国的1/3左右，是全国重要的科技创新中心。

当前，国家间的竞争正日益演化为主要城市群之间的综合实力比拼。长三角地区已进入后工业化阶段，正加快从资源驱动、投资驱动转向创新驱动，在全球贸易保护主义抬头、中美贸易摩擦升级的形势下，必须加快构建区域创新共同体，追求高质量创新，成为全国重要创新策源地。一是提升原始创新能力。要聚焦张江、合肥综合性国家科学中心，强化基础研究，加快构建承接国家重大创新部署的科技创新平台载体；瞄准国家战略需要，组织联合攻关，掌握一批自主可控的核心技术和自主知识产权，为解决卡脖子问题做出“国家队”贡献。二是提升科技成果转化能力。发挥江苏省产业技术研究院等科技体制改革的“试验田”作用，打造政府和市场双引擎，围绕产业链部署创新链，打通原始创新向现实生产力转化通道，尤其注重新技术的转化和应用突破，推动科技成果跨区域转化。三是增强对全球科技创新资源的配置能力，尤其是对国际高端人才的吸引和集聚能力，完善“用得好、留得住”的制度和政策环境，发挥人才“蓄水池”功能，建设全球人才高地。上海将以建设具有全球影响力的科技创新中心为引领，加快重大科技基础设施等硬件的共建共享，推进全面创新改革试验等软件方面的互联互通，聚焦集成电路、人工智能、生物医药等重点领域，制定技术路线图和“上海方案”，引领长三角参与全球科技竞争与合作。

（三）以高水平开放深层次改革为动力源，发挥好对外开放新高地作用

长三角地区开放程度最高，拥有开发口岸 46 个，进出口总额、外商直接投资、对外投资分别占全国的 37%、39% 和 29%，上海、浙江均设立了国家自由贸易试验区，江苏自贸试验区也获国家批准，中国国际进口博览会成为新的开放平台和窗口，“一网通办”成为全国深化行政审批制度改革的品牌，是全国对外开放的重要平台。

长三角地区在全国全方位开放格局中具有风向标作用。在我国新一轮改革开放中，长三角地区要继续当好“排头兵”，通过实施具有较强国际市场竞争力的开放政策和制度进一步对外开放，以开放倒逼改革，加大开放型经济的风险压力测试，积极参与国际规则制定，提升在全球经济治理中的制度性话语权和影响力。一是协同高水平举办好中国国际进口博览会，打造规模更大、质量更优、创新更强、层次更高、成效更好的世界一流博览会，放大溢出带动效应。二是高标准建设好上海、浙江、江苏三个自贸试验区和上海自贸试验区新片区，加强联动发展。三是贯彻实施《外商投资法》，实行高水平投资自由化便利化政策，保护外商投资合法权益，打造吸引外资的“强磁场”。四是在牢牢稳住关键产业链布局的同时，进一步扩大制造业、服务业等重点领域对外开放，逐步放宽市场准入，压缩负面清单。五是深化“一网通办”、“最多跑一次”、“不见面审批”改革，提升经济体制改革的系统性、整体性和协同性，打造稳定、公平、透明、可预期的市场环境。上海将加快构建开放型经济新体制，高标准建设自由贸易试验区新片区，打造与国际通行规则相衔接，更具国际市场影响力和竞争力的特殊经济功能区；高品质建设上海虹桥商务区，打造成国际化中央商务区和国际贸易中心新平台，营造具有国际竞争力的商务生态环境。

（四）以一体化发展示范区为突破口，发挥好示范带动协调发展作用

长三角地区自改革开放以来便开始了一体化发展探索，形成了多层次、宽领域的合作交流机制，具备较好的一体化发展基础。三省一市各具发展优势，上海重点打造“五个中心”功能，江苏制造业发达、产业创新能力突出，浙江数字经济、民营经济发达，安徽腹地广阔、科技创新基础好，关键要优势互补形成合力。

为此，长三角将进一步创新和完善区域治理体系和协同发展机制，消除影响要素流动、资源优化配置的行政壁垒，构建优势互补、分工合理、包容共建的发展格局，建立一体化发展市场体系，率先实现基础设施互联互通、科创产业深度融合、生态环境共保联治、公共服务普惠共享，推动区域一体化发展从项目协同走向区域一体化制度创新，进而建立统一的行为准则，为全国其他区域一体化发展提供示范。重点包括：一是高水平建设长三角生态绿色一体化发展示范区，着力在规划管理、土地管理、投资管理、要素自由流动、财税分享、公共服务政策等重点领域创新一体化发展制度，实现共商共建共管共享共赢，为长三角生态绿色一体化发展探索路径和提供示范。二是逐步缩小内部差距。一方面，坚持以点带面，形成示范区先行探索、中心区率先复制、全域集成推进的一体化发展格局。另一方面，注重发挥节点带动作用，持续推动江苏苏南带动苏中苏北发展、浙江山海协作、安徽支持皖北地区发展、上海城郊融合型乡村振兴，并进一步发挥徐州对鲁南、温州对闽东等毗邻地区的带动作用。

三、深入推动长三角一体化发展

《规划纲要》审议通过标志着国家战略完成顶层设计，长三角一体化发展正式进入密集施工阶段。三省一市共同努力，以时不我待精神攻坚突破、强化合作、狠抓落实，聚焦规划对接、战略协同、专题合作、市场统一、机制完善五个着力点，深入推动长三角地区更高质量一体化发展。

（一）聚焦规划对接，发挥规划战略引领作用

规划是推进区域一体化发展的“牛鼻子”。规划不协同，共识很难凝聚，很多事项就难以落地。围绕规划对接，围绕国家研究制定一体化发展示范区和自贸试验区新片区两个专项方案，编制若干专项规划以及配套政策和综合改革措施，进一步完善长三角系列规划体系和政策体系，并在实施过程中把三年行动计划及年度工作、重点合作事项的持续推进与《规划纲要》的组织实施紧密结合起来，确保各项任务落到实处。同时，以国家《规划纲要》作为共同的行为准则，深入推进各自经济社会发展规划、国土空间规划与国家《规划纲要》紧密衔接，推动跨省界各类专项规划充分对接，并将长三角一体化发展战略全面融入“十四五”规划，真正发挥规划在区域一体化中的统筹和引领作用。

（二）聚焦战略协同，持续放大改革创新示范效应

战略协同是推进区域一体化发展的“放大器”。长三角三省一市都承担着一些重大的国家战略和重要的改革举措，比如自贸试验区建设、行政审批制度改革、系统推进全面创新改革试验等。长三角将在这些改革领域共同推进试点，共享改革成果，放大改革创新示范效应，推动一地的优点转化为

全域的优势。比如，加强上海自贸试验区和浙江自贸试验区联动，复制推广自由贸易试验区改革创新成果，研究协调扩大自贸试验区 FT 账户适用范围；又如，强化上海张江、安徽合肥综合性国家科学中心协同，加快建设协同创新共同体，推动重大科技基础设施集群化发展。从更大层面看，几个区域协调发展国家战略之间也需要加强协同，三省一市将推动长三角地区建设“一带一路”和长江经济带建设的桥头堡，对内以“龙头”引领“龙身”和谐共舞，对外坚持结合“引进来”、“走出去”实现合作共赢，在国家战略联动中发挥辐射带动作用，形成 1+1>2 的化学反应。积极争取国家相关部门能够在具体事项和政策落地方面给予指导和支持。比如，一体化示范区规划管理、土地管理、要素流动、财税分享、公共服务政策等若干方面创新举措落地。

（三）聚焦专题合作，力争尽快取得更多务实成果

专题合作是长三角地区在长期合作实践中形成的特色制度。后续工作中，必须考虑进一步发挥好这项制度的推进功能，按照谁有条件谁牵头、谁在前面谁去做、谁能做成谁负责的原则分工并一牵到底，确保具体工作不因轮值而打折扣，进一步提高专题合作成效。合作过程重点是聚焦关键领域发力，谋划出一批四梁八柱的功能项目和专项行动，基础设施领域要做好互通互联文章，生态环保领域重在共保联治，科创产业领域必须体现比较优势和分工协同，民生领域关键是要能提供普惠便利的公共服务，实现共建共享。坚持以项目化、责任制和清单化方式组织实施，精准发力，加强对重点事项落实情况的跟踪检查，有力有序有效推进各项措施取得实效，确保持续抓出成效，力争尽快取得更多务实成果。

（四）聚焦市场统一，建设国际一流区域营商环境

区域一体化发展的根本在于能够让市场发挥在资源配置中的决定性作用，只有各类要素更加自由流动，资源更加有效配置，市场主体能级才会越强越大。三省一市将推动标准规则统一，建立重点领域制度规则和重大政策沟通协调机制，提高政策制定统一性、规则一致性和执行协同性，全面实施全国市场准入负面清单，实行统一的市场准入制度。建立标准统一管理制度，加强标准领域合作，加快标准互认，按照建设全国统一大市场要求探索建立区域一体化标准体系，营造统一开放的市场体系，为更高质量一体化发展提供强劲内生动力。继续深化“放管服”改革，特别是推动政务服务“一网通办”，实现办理事项线上“一地认证，全网通办”，建设长三角区域数据中心和政务数据交换共享平台，促进区域数据资源互通共享，实现长三角区域数据广泛共享和应用。全力推动诚信记录共享共用，健全诚信制度，建立重点领域跨区域联合奖惩机制，打造信用长三角，不断提升各类主体的诚信感受度。通过建好基础设施一张网，编好产业科创一张图，共认政府服务一个章，打造数据资源一个库，办好公共服务一张卡，打造亲商、安商、富商的国际一流区域营商环境。

（五）聚焦机制完善，形成全社会参与的强大合力

实施长三角一体化发展国家战略是一项长期的系统性工程，完善的体制机制有利于形成持续稳定推进的良好局面，是长三角一体化发展工作具体化落地、精细化实施的重要保障。长三角将在国家领导小组的统一领导下，进一步优化完善“上下联动、三级运作、统分结合、各负其责”的区域合作工作机制，进一步发挥好长三角区域合作办公室枢纽平台作用，各级党委和政府认真贯彻落实、有序推进，社会各方力量广泛动员，充分激发市场主体和社会组织的积极性、主动性、创造性，全面参与推进长三角一体化发展的各项工作，形成全社会共同推进长三角一体化发展的强大合力和良好氛围。更重要的是，在整个区域层面，推动建立健全区域战略统筹、区域合作、区域互助等协调发展新机制。特别是区域间成本共担利益共享机制、重大经济指标协调划分的政府内部考核制度以及税收利益分享和征管协调机制，争取国家部门的指导和帮助，由国家层面牵头推动长三角一体化发展投资专项资金尽快落地，并给予一定规模的资金支持，并支持更好发挥社会资本作用，进一步鼓励各类投资基金发展。

第二节　把握长三角一体化发展的新阶段新特点

随着长三角一体化发展上升为国家战略迈入第三年，长三角地区经济社会发展又继续向前迈进了一大步，在基础设施互联互通、产业创新协同联动、生态环保联防联治、公共服务便利共享方面取得了不少成绩，同时也呈现出新特征、面临新要求。

一、长三角经济社会发展基本情况

长三角三省一市地域面积35.9万平方公里，常住人口2.27亿，经济总量23.7万亿元，在全国1/26的国土面积上集聚1/6的人口、产出近1/4的地区生产总值，跻身国际公认的六大世界级城市群，在世界经济版图中占有重要一席之地。

（一）长三角一体化的发展历程

从改革开放到上升为国家战略之前，长三角地区的区域合作体制机制探索，大致可划分为协作、协商、协调三个阶段。

第一阶段协作阶段，时间跨度为1982年至1988年。1982年，国务院决定由上海、苏州、无锡、常州、南通、杭州、嘉兴、湖州、宁波、绍兴十个城市组成上海经济区。1984年，扩展为上海、江苏和浙江两省一市。1987年，扩展为上海、江苏、浙江、安徽、江西和福建五省一市，山东省作为观察员。1983年，国务院成立上海经济区规划办公室，为中央对这一区域的经济发展和地方政府间的经济合作提出建议，制订区域发展规划，该办公室于1988年撤销。在历次会议推动下，先后确立交通、能源、外贸、技术改造和长江口、黄浦江和太湖综合治理等为规划重点，提出了十大骨干工程；促进了省市间经济往来，带动企业开展横向经济合作。

第二阶段协商阶段，时间跨度为1989年至2000年。1992年，上海、南京、苏州、无锡、常州、扬州、镇江、南通、杭州、嘉兴、湖州、宁波、绍兴、舟山 14 个城市自发成立长江三角洲协作办（委）主任联席会议；1997 年，升格为长江三角洲城市经济协调会；从 2004 年起，会议联络处设于上海市人民政府，合作推动城市间的经济协作。

第三阶段协调阶段，时间跨度为 2001 年至 2017 年。2001 年起，上海、江苏、浙江两省一市政府领导按照“优势互补、密切合作、互利互惠、共同发展”原则，协商建立“沪苏浙经济合作与发展座谈会”机制，由两省一市常务副省（市）长主持。2004 年起，两省一市主要领导在沪启动一年一次定期磋商机制，2005 年在浙江杭州召开长三角主要领导人第一次座谈会，2009 年通过《长三角地区合作与发展联席会议制度》和《长三角地区重点合作专题组工作制度》，正式形成“三级运作、统分结合、务实高效”的区域合作协调机制。从 2011 年起，安徽省全面参与泛长江三角洲区域合作。2014 年 5 月习近平总书记对长三角合作工作做出重要指示，要求发挥上海在长三角地区合作和交流中的龙头带动作用，既是上海自身发展的需要，也是中央赋予上海的一项重要使命。要按照国家统一规划、统一部署，围绕落实全国城镇化工作会议精神、参与丝绸之路经济带和海上丝绸之路建设、推动长江经济带建设等国家战略，继续完善长三角地区合作协调机制，加强专题合作，拓展合作内容，加强区域规划衔接和前瞻性研究，努力促进长三角地区率先发展、一体化发展。

长三角地区三级运作合作机制由决策层、协调层和执行层组成。决策层是三省一市主要领导座谈会，每年召开一次，审议、决定和决策关系区域发展重大事项，是最高层次的联合协调机制。协调层是长三角地区合作与发展联席会议制度（以下简称联席会议），主要任务是做好主要领导座谈会筹备工作，落实主要领导座谈会部署，协调推进区域重大合作事项。执行层是在主要领导座谈会和联席会议领导和指导下，实行重点合作专题协调推进制度，通过召开办公室会议和各专题组会议来运作。重点合作专题组原则上控制在 10 个左右，并视合作进展情况有进有出、动态调整。

（二）基本概况

2020 年，长三角地区克服新冠肺炎疫情冲击和影响，经济保持平稳健康发展，占全国 GDP 比重比 2019 年上升 0.04 个百分点。41 个城市中，有 8 座城市过万亿元，其中上海 GDP 位居全国首位、苏州 GDP 位居全国地级市首位。三省一市的三次产业结构进一步优化，第三产业比重进一步提高。其中，沪苏浙皖规模以上工业增加值增长率分别达到 1.7%、6.1%、5.4% 和 6.0%；江苏、浙江规模以上工业利润总额增长分别达到 10.1% 和 14.7%，保持较高水平；上海固定资产投资总额增长 10.3%，高居长三角首位；安徽省进出口总额增速达 14.1%，进步较为明显。长三角主要港口货物吞吐量达 51 亿吨，占全国比重超过 35%，其中外贸货物吞吐量约 15 亿吨，占全国比重达 33.5%，主要港口集装箱吞吐量超过 9600 万标准箱，占全国比重超过 36%。长三角区域民航机场达 23 个，公路里程数超过 53 万公里，高速公路里程数接近 1.6 万公里，铁路营业里程突破 1.3 万公里，高铁里程数 6216 公里。沪苏浙皖拥有双一流高校分别达 14 所、15 所、3 所、3 所，教育服务能力明显提升。

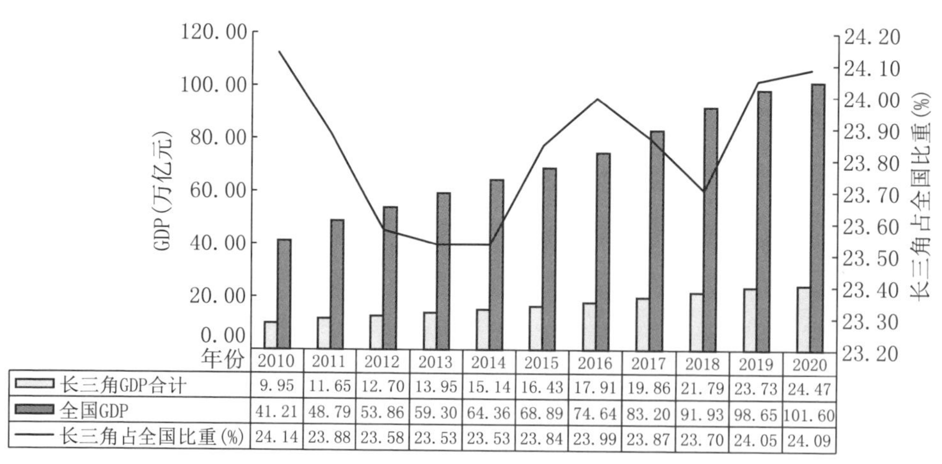

年份	2010	2011	2012	2013	2014	2015	2016	2017	2018	2019	2020
长三角GDP合计	9.95	11.65	12.70	13.95	15.14	16.43	17.91	19.86	21.79	23.73	24.47
全国GDP	41.21	48.79	53.86	59.30	64.36	68.89	74.64	83.20	91.93	98.65	101.60
长三角占全国比重（%）	24.14	23.88	23.58	23.53	23.53	23.84	23.99	23.87	23.70	24.05	24.09

图 1-1　长三角三省一市历年 GDP 及占全国比重

（三）总体成效

总体来看，自 2018 年长三角一体化发展上升为国家战略后，三省一市围绕国家《规划纲要》和三年行动计划，加快落实重点项目、重点任务、重点工作，取得了一定成效：

一是现代化综合交通运输体系基本建成。省际交通基础设施共建共享、互联互通水平显著提升，区域综合交通运输服务和管理能力明显增强。至 2020 年底，长三角地区高铁营业里程超 6000 公里，覆盖区域内 90% 以上的设区市，安徽实现市市通高铁，江苏实现市市通动车。17 条省际断头路中，5 条道路已通车。

二是区域能源安全供应和互保互济能力明显提高。长三角能源基础设施建设加速完善，浙沪联络线一期、浙苏天然气管道联通、淮南—南京—上海 1000 千伏特高压交流输电工程过江通道等项目已建成。

三是新一代信息基础设施体系加快布局。5G 网络建设和应用示范率先突破，三省一市已建成 5G 基站超过 7 万个，5G 在工业互联网、车联网、智能制造、智慧城市等重点领域创新应用示范项目近 1000 个。长三角工业互联网一体化发展示范区建设提速，建成标识解析国家顶级节点（上海），标识注册量达 1.7 亿，累计解析量近 1 亿次，并培育 20 家工业互联网平台应用示范企业。

四是协同创新体系加快建立。《长三角科技创新共同体建设发展规划》《长三角 G60 科创走廊建设方案》相继出台。上海、安徽合肥两大国家科学中心深化合作，长三角国家技术创新中心获批并加快组建。长三角布局建设两个国家实验室，已建和在建的国家重大科技基础设施 21 个；集聚了全国 1/5 的国家实验室（101 家）和国家高新区（34 家）。科技资源共享服务平台集聚重大科学装置 22 个、科学仪器 35546 台（套），总价值超过 431 亿元。截至 2020 年 12 月，平台累计访问量达 120 万人次，收到各类科技需求 295 个，解决了 154 个，解决率达到 52%。国家技术转移东部中心建成长三角分中心 14 个。

五是绿色生态建设成效显著。坚持生态绿色发展，共保重要生态系统，加快推进生态修复工程，不断探索生态 + 绿色发展新路子。区域生态环境质量持续改善，聚力大气污染联防联治，协同“三水共治（水污染治理、水生态修复、水资源保护）”实现新突破，积极配合固废危废利用处置规范合作顶层设计。2020 年长三角地区 41 个城市 $PM_{2.5}$ 浓度为 35 微克 / 立方米，同比下降 14.6%。333 个地表水国考断面水质优Ⅲ类及以上比例达 91.3%，同比上升了 7.2 个百分点。

六是公共服务共建共享机制不断健全。人力资源、社会和劳动保障、养老、食品安全等领域公共服务更加便利，旅游、体育产业联动发展不断深化，突发公共卫生事件联防联控机制得到加强。41 个城市实现医保“一卡通”，截至 2020 年底，联网定点医疗机构 8100 余家，门诊直接结算总量已超 278 万人次，涉及医疗总费用超 7 亿元。10 个有轨道交通的城市实现“一码通行”。联合发布长三角区域房车、养生、体育、会展等专项旅游产品 40 个，长三角“高铁 +”旅游产品线路等 66 条。

七是统一市场体系加快建立。统一应用电子营业执照，发展异地异店无理由退货承诺企业 400 余家，培育放心消费单位 50 余万家，共同立项区域统一标准 10 项，发布区域统一地方标准 7 项。“放管服”一体化改革逐步深化，开通长三角“一网通办”线上专栏，开设覆盖 41 个城市的 550 个长三角“一网通办”线下专窗，加快推进 21 类电子证照共享互认，推动 104 个服务事项跨省通办。信用长三角建设取得积极进展，依托中国长三角门户网站建设“信用长三角”平台，并实现与信用中国网站联通。平台归集区域内生态环境、旅游、疫情防控等方面信用信息近 60 万条。率先在生态环境、旅游、食品药品、产品质量 4 个重点领域，制定出台统一的严重失信行为认定标准和奖惩措施清单，公示区域联合奖惩名单信息 240 余条。浦东新区、南京市、杭州市、合肥市等 13 个地区成功创建国家社会信用体系建设示范城市（区）。区域内各城市（区）间加强信用惠民等方面的合作，探索构建互联互通的区域信用环境。协同开放力度进一步提升，长三角自贸试验区加快联动发展。

（四）存在问题

长三角地区一体化取得了积极进展。长三角地区差距持续缩小，经济联系更加活跃，区域产业分工合作水平进一步提升，市场整合度不断提高，科技创新能力显著增强，基础设施及基本公共服务明显改善，体制机制不断完善。但是，长三角地区一体化在深化发展进程中还存在一些深层次问题需要继续加快解决。

一是优势产业尚未充分发挥整体联动效应。长三角地区产业结构层次上的差异开始逐渐显现，地区间产业结构专业化分工趋于合理，产业一体化发展取得了一定的成效。但是，专业化指数偏低，地区间专业化分工水平不高。从国民经济产业分类中的一类和二类产业看，长三角地区产业结构趋同化现象依然比较突出，地区间低水平同质化竞争较为激烈。从区位商指标来看，长三角地区产业布局各有优势，存在着一定的互补性，但优势产业重合度依然较高。浙江省几乎所有区位商大于 1 的制造业行业均与江苏省重合，江苏省几乎所有区位商大于 1 的高端制造业行业均与上海重合。

二是要素市场一体化发展亟待进一步破除壁垒。目前，长三角消费品市场一体化相对比较成熟，但资本、人力、企业等生产要素市场依然受行政壁垒影响。尤其是加快推进长三角地区人力一体化，关键在于推动劳动力要素市场运行机制的创新，特别是要破除限制劳动力流动的户籍制度和不均等的公共福利制度，深化教育、医疗、养老等公共服务机构的跨地区服务，鼓励劳动力的跨区域自由流动，实现劳动力与产业空间分布的协调一致。

三是区域创新和人才投入差距客观存在。从规模以上工业企业 R&D 人员全时当量占就业人员比重看，长三角地区创新人才投入差距有缓慢扩大的趋势。从资金往来的情况来看，长三角地区研究与开发机构和高等学校

R&D 经费中企业资金的比重并不高，产学研协同创新潜力较大。未来长三角应以深入实施创新驱动发展战略为主线，以构建区域技术转移体系、创新资源共建共享共用为抓手，加快区域协同创新网络建设，努力将长三角建成具有全球影响力的科创高地和产业高地。

四是数字化转型发展水平亟待进一步突破。长三角地区信息基础设施建设和数字化应用的内部差异不断缩小，为数字化转型提供了技术支撑和方向引领。但是，在推动区域政务数据开放共享，形成社会民生、航运交通、城市安全等重要领域数字应用全面对接，如加强医疗卫生、社会保障领域数字化建设、加强环境治理数据共享、完善交通智能化服务等方面亟待进一步提升发展水平。

五是公共服务与社会保障的内部差距依然较大。长三角城镇常住人口养老保险和基本医疗保险覆盖率差异较为明显，在社保接续等领域仍然存在堵点。未来长三角应致力于社会保障制度的联通，提升跨区域社会保障服务便利化水平。此外，人均拥有公共图书馆藏量的变异系数明显高于其他指标，也在一定程度上反映了长三角地区文化基础设施的内部差距较大，但是差距在不断缩小。

二、长三角地区近期经济发展特征

（一）长三角经济恢复速度保持领先，我国强劲活跃增长极地位进一步巩固

2021 年一季度，长三角地区延续了 2020 年二季度以来的强劲恢复态势，GDP 增长 18.9%，两年平均增长 6.1%，分别快于全国 0.6 和 1.1 个百分点，占全国比重进一步提升至 24.6%（2020 年 24.1%、2019 年 23.1%）；速度分别领先于京津冀、珠三角 2.8 个和 0.3 个百分点，对全国 GDP 增长贡献达 25.1%（京津冀、珠三角贡献分别为 7.6% 和 11.1%）；三省一市 GDP 增速位于全国各省市前列，浙江（19.5%）、江苏（19.2%）、安徽（18.7%）、上海（17.6%）增速分别位列第三、四、五、十一位，在

疫情中长三角地区显示出强大的经济发展韧性，进一步巩固了作为我国强劲活跃增长极的地位。

（二）新动能引领与双循环发力，凸显高质量一体化发展成效

一是工业恢复全国领先。一季度，三省一市规模以上工业增加值同比增速均高于全国平均水平（24.5%），其中上海（34.5%）、浙江（34.1%）、江苏（33.6%）分别位列全国第四、五、六位；两年平均增速看，江苏（11%）位列全国第一，浙江（9.7%）、安徽（9.4%）进入全国前五。战略性新兴产业引领增长，一季度上海战略性新兴产业产值增长34.3%，两年平均增速（13.8%）大幅高于规模以上工业（5.8%）；安徽战略性新兴产业产值增长52.2%，高于全部工业16.7个百分点。高技术产业增长迅速，一季度江苏、浙江、安徽高技术制造业增加值分别增长36.5%、38.9%、44.4%，分别高于规模以上工业2.9、4.8和18.1个百分点，工业发展的含金量跃升。

二是数字经济增长强劲。长三角进入数字化转型提速阶段，数字经济发展水平稳步提升，软件和信息技术服务业收入占到全国30%以上。一季度，全国互联网业务累计收入居前5名的广东（增长4.6%）、北京（增长30.8%）、上海（增长77%）、浙江（增长52.7%）和江苏（增长0.3%）共完成互联网业务收入2655亿元，同比增长30.6%，增速超过全国平均水平1.9个百分点，占全国（扣除跨地区企业）比重达87.9%。

三是企业利润大幅回升。在汽车制造业、电子设备制造业、石化加工制造业、信息服务业、商务服务等行业的高增长带动下，叠加低基数效应，企业利润实现大幅增长。一季度，上海、江苏、浙江、安徽规模以上工业企业利润分别增长2.2倍、1.6倍、1.6倍和1倍，两年平均增速分别达到8.9%、27.1%、27.6%、17.5%。

四是消费升级引领加速。长三角地区居民收入稳步增加，消费能力和意愿持续增强，消费结构持续优化。一季度长三角地区社会消费品零售总额增长

36.7%，两年平均增长6.8%，总体恢复态势好于全国（一季度33.9%，两年平均4.2%）。其中，上海、江苏和安徽均领先于全国水平，上海增速一季度为48.9%，仅次于湖北和海南。升级类消费复苏强劲，轻奢消费兴起，带动珠宝首饰、化妆品等消费明显回暖，一季度，上海金银珠宝类零售额增长1.4倍，两年平均增长22.3%；汽车等权重商品消费积极释放，沪皖两地汽车类零售额分别增长88.7%和69.3%，江苏新能源汽车零售额增长280.9%。

五是外贸发展量增质升。在全球化进程出现波折的背景下，长三角地区外贸实现大幅增长，量质双提升趋势明显，进出口总额增长26.1%（进口增长19.5%，出口增长31.5%），占全国份额超1/3（达到35.6%）。浙江（14.0%）、安徽（15.7%）两年平均增速远超全国水平（9.8%）；江苏（6.6%）、上海（5.4%）在较大体量规模基础上也表现不俗，上海汽车出口成为新亮点，一季度汽车出口额增长1.7倍。在进口方面，上海消费品进口继续领先增长，占全国近三成；浙江资源类产品进口的拉动作用较为明显。

（三）稳增长需努力实现消费全面复苏、产业链安全、外贸持续稳定

在一季度经济指标高位开局的背后，全球疫情反复以及国际环境复杂严峻的干扰因素有增无减，原材料、用工、运输等成本迅速上涨挤压企业利润空间等问题已开始显现，长三角地区要继续巩固稳定向好的发展态势，实现“十四五”规划的良好开局，有三个问题需重点关注。

一是部分领域消费复苏仍未恢复至疫情前水平。当前长三角旅游、住宿、会展、客运等疫情“密接”行业以及与境外相关的消费领域，仍未恢复至2019年水平，应抓紧研究进一步协同激活长三角消费的措施，合力办好“五五购物节”等消费节庆活动，积极探索发展“免税经济”，培育海外产品购销市场和国际消费中心城市，推动外流消费购买力回归和新兴消费发展。

二是全球缺“芯”导致的部分产业链安全问题突显。2020年11月以来，汽车制造深受全球芯片紧缺困扰，成本倍增、交付期延长，断供停产风险显著增加，今年情况进一步恶化，影响范围也正从汽车向电子信息、智能装备等蔓延，年内恐难以有效缓解。应充分发挥长三角产业链协同工作机制作用，加强跨区域的资源整合和政策协同，联合开展产业链补链固链强链行动，提升长三角产业链的稳定性和竞争力。

三是海外订单回流引发未来外贸稳增长仍有一定压力。海外疫情缓解复工复产将导致订单竞争加剧和订单回流，同时中美经贸摩擦、商务活动受限、汇率波动影响等仍未消除，再加上“一柜难求”问题（当前海运价格较上年同期上涨 4 倍多）和下半年基数较高等影响，长三角地区下半年外贸增速或将出现明显回落。应进一步推动对外投资和扩大出口更好结合，开拓多元化外贸市场，深化长三角国际贸易“单一窗口”合作，推进长三角口岸通关一体化，为各类外贸企业营造良好环境进一步拓展国际市场。

三、长三角一体化发展新特点和新要求

（一）新特点

比较国内各大区域板块或城市群板块，长三角区域协调发展走在全国前列，由改革开放初期的上海一枝独秀到当今沪苏浙皖区域一体化高质量发展，区域一体化动力机制发挥了关键性的作用，特别是在新形势下，呈现出以下几个新特点：

其一，市场机制发挥基础性作用。改革开放打破了传统地区间要素流动的壁垒，加快了长三角市场化的进程，促进上海与周边城市联动发展。在起始阶段，以市场利益导向的跨行政区要素的流动，推动了苏浙地区的农村工业化。并以浦东开发开放为契机，吸引了大量外资企业落户长三角，推动了上海“四个中心”建设和苏南地区跨越式发展，有效地促进了沪苏浙产业分工。随着浙江民营企业的崛起，以市场主体为代表的产业转移加速推动长三角之间要素自由流动，企业发展的空间格局不断优化，区域发展效率不断提升。特别在当下阶段，政府主导更多体现在体制机制、基础设施建设、公共服务完善、环境联防联控等方面，在产业、创新等领域市场主体依然是主力

军和主要贡献者。

其二，体制机制不断迭代升级。长三角一体化发展路径走过了“行政合作—产业转移—经济一体化—高质量一体化”的历程，体制机制的适应和优化起到了关键作用。从改革开放之初的地方分权，财政分灶，到平等的行政地位和互相独立的经济格局，再到谋求共同利益的多方协商体制，最后演变为“三级运作”的长效机制，长三角区域一体化发展形成了从“自下而上”到“自上而下”和“上下联动”的渐进式体制机制演化路径，走出一条符合长三角特色的区域协调发展路径。新形势下，更需要通过发挥体制机制的优势，激发大中小城市发展动力和活力，共同做大长三角发展“蛋糕”。

其三，政策体系“四梁八柱”加速完善。在长三角一体化发展过程中，政策指导核心在于打破行政壁垒、集中力量打造发展增长极。从早期的上海经济区、浦东开发开放、长三角区域规划、长江三角洲城市群规划、长江经济带发展，最后上升为国家规划纲要等，国家层面对长三角区域协调发展顶层设计和推动作用。尤其是从长三角区域规划开始，都明确了上海核心城市的龙头带动作用，与苏浙皖各扬其长，充分发挥长三角的整体优势。同时，通过各部委专项政策和三省一市对国家政策的具体落实，形成了相对系统集成的政策体系，相互作用、形成合力，特别是在目前长三角要代表国家参与国际竞争的背景下，通过政策更加促进长三角整体功能的进一步打造和提升。

其四，城市竞合释放强大动能。经过多年发展，长三角地区形成了城市间和地区间的差异化和互补性的多动力发展格局。改革开放之初，上海是长江三角洲地区唯一的创新中心和发展极，随着苏南、浙北等地区崛起，南京、苏州、杭州、宁波、合肥等城市形成了一个又一个区域中心，推动了城市周边区域经济的快速发展和产业结构提升，加速缩小了各地之间的发展差距。万亿级城市的不断涌现和相互作用，维系了长三角城市群的持续性动力和空间上的均衡发展，带动了长三角城市群联动发展的格局，推动了长三角一体化迈向新的高度。

（二）新发展要求

2019 年正式发布的《规划纲要》明确了长三角“一极三区一高地”的战略定位，实施长三角一体化发展战略，是引领全国高质量发展、完善我国改革开放空间布局、打造我国发展强劲活跃增长极的重大战略举措。2020 年 8 月 20 日，习近平总书记在合肥主持召开扎实推进长三角一体化发展座谈会并发表重要讲话，是自 2018 年底长三角区域一体化发展上升为国家战略以来，习近平总书记首次就这一重大战略专门召开座谈会。根据习近平总书记对长三角提出的率先形成新发展格局、勇当我国科技和产业创新的开路先锋、加快打造改革开放新高地“三大”新要求，长三角要继续把握几个方向：

第一，塑造新格局发展动力源。以“双循环”新格局引领长三角一体化发展，逐步推动长三角与国内外互联互通，强化内部要素畅通，构建新发展格局系统。

一是服务“大循环”。应对当前复杂多变的国际形势，从全球发展大势中牢牢把握扩大内需这个战略基点，更好利用国内国际两个市场、两种资源，提升全球资源配置能力。既要依靠国内超大规模市场优势扩大投资需求、拓展投资空间、释放有效投资需求，提升国内国际经济循环效能，又要构建与国内需求结构相匹配的供给体系，满足人民消费需求，持续激发消费能力，在新发展格局中发挥长三角引领作用。

二是加强长三角与国内区域之间的协同联动。探索区域发展共性特点，发挥各区域比较优势，创新一体化新模式。同时，促进长三角与京津冀、粤港澳大湾区的深度合作，加快长三角资金、技术、人才、信息等资源要素向内陆腹地辐射扩散，构建优势互补、相互促进、共同发展的新局面。

三是畅通“区域经济循环”。夯实三省一市梯度有序、合理互补的功能核心，持续强化长三角区域的动能提升和效率整合，聚焦重点领域和重点区域进行突破，率先形成集区域产业链、区域市场链、区域创新链于一体的循环动力源。

第二，创造产业创新优势。突出长三角先进制造业优势，培育若干世界级产业集群，以先进制造业为核心加快新旧动能转化，提升长三角在全球产业链供应链中的地位。

一是提升产业链现代化水平。有效增强长三角产业链、供应链的稳定性、安全性和竞争力。在补链、扩链、强链上展开更紧密区域合作，打通产业链、供应链中物流、人流、资金流、信息流等关键断点、堵点；以产业链核心企业为龙头，通过优化产业配套半径，促进上下游、产供销、大中小企业协同发展。

二是协同推进现代产业体系建设。抓好本区域主导产业更替，聚焦集成电路、生物医药、高端装备等先进制造业，整体协作开发高新技术领域，建设长三角区域高新技术产业集群，形成区域性分工与协作格局。

三是促进长三角跨区域产业链集群化发展。重点打造空间高度集聚，产业高度协同、供应链高度集约的世界级产业集群，特别是具有国际竞争力的先进制造业产业集群；重视长三角毗邻地区产业集群建设，完善跨区域产业集群发展协调机制。

四是注重科创策源能力提升。集中资源在长三角地区打造一批具有世界领先水平国家实验室，支持优先布局国家重大科技基础设施和国家重大战略项目，支持基础性、长远性、公益性的基础研究和科技前沿工作。加大对长三角地区基础前沿研究支持力度，不断提高科技成果转移转化成效。

第三，打造改革开放新高地。发挥三省一市对外开放优势，以更高水平的开放水平促进国内国际双循环，在巩固和适当拓展国际大循环的基础上，更大力度提升国内大循环的主体地位和作用。

一是加强对标国际一流优化营商环境。三省一市政府要秉持公平公正的原则，对标国际标准建立竞争有序的现代市场体系和公开透明的营商环境，加强政策和制度层面的深层对接，共同打造良好的市场生态。

二是推动各类要素畅通。鼓励和支持本土市场主体以整体抱团模式带着资本、技术、创新走出去，由“内合资”向“外合资”拓展。通过长三角区域内乃至区域外之间商品、资金、劳动力、技术和信息等要素之间的畅通流动，实现生产要素在全球范围内的优化配置和功能互补。

三是继续消除行政壁垒。推动统一大市场建设，在市场融合下形成“你中有我、我中有你”的局面，以体制机制创新为抓手，打破资源条块分割现象，逐步放宽市场准入条件，持续完善推广市场准入“负面清单”，为长三角区域资源整合消除制度性障碍。

第二章

发挥区域一体化整体优势
构筑功能互补发展新格局

城市群在一国经济社会发展中的地位和作用日益凸显。习近平总书记2019年在《求是》上发表题为《推动形成优势互补高质量发展的区域经济布局》的署名文章，提出中心城市和城市群正在成为承载发展要素的主要空间形式，要谋划区域协调发展新思路。长三角地区要充分发挥上海龙头带动作用，推动苏浙皖各扬所长，加强跨区域协调互动，提升都市圈一体化水平，推动构筑功能互补、协调发展的新格局。

第一节　区域经济一体化发展的客观规律

随着经济全球化进程的不断深化，国际产业分工体系加快构建完善。城市群在发挥区域协调发展平台功能、支撑全国经济增长、代表国家参与国际竞争合作等方面的重要性日趋凸显，要求长三角地区强化分工，拉长长板，构建区域一体化的整体优势。

一、城市群是区域经济发展的高级形态

（一）城市群在区域经济中占据重要地位

城市群是区域经济活动的空间组织形式，是区域经济发展的高级形态。城市群作为区域经济社会发展共同体，在发挥区域协调发展平台功能、支撑

全国经济增长、代表国家参与国际竞争合作等方面的重要性日趋凸显。

在世界级城市群中，美国东北部城市群制造业占全美的70%，日本太平洋沿岸三大城市群工业产值占全国的3/4，英国中部城市群经济总量占全国的80%。世界级城市群可以代表所在国家地区参与全球竞争。

（二）城市群已成为我国经济发展的主要引擎

2018年，全国19个城市群[1]土地面积合计约240万平方公里，占全国的1/4；常住人口10.5亿，占全国的75.3%；城镇化率达到61.7%，占全国城镇人口的78.3%；GDP合计79.3万亿元，占全国的88.1%。

长三角城市群发展带动长三角地区成为我国经济最强区域。2018年，三省一市GDP达21.15万亿元，占全国经济总量的四分之一；人均GDP为9.38万元（按2018年人民币汇率年平均价换算为1.39万美元），已达到发达国家初等水平。长三角已经为我国区域经济增长极，并将引领带动东部地区乃至全国的高质量发展。

（三）长三角城市群经济发展呈现"一核多中心"引领格局

2018年，全国17个"GDP万亿元俱乐部"城市中，长三角城市群占据6个，远超其他城市群[2]；上海以3.3万亿元GDP规模位居全国首位，苏州、杭州、南京、无锡、宁波GDP规模均超万亿元[3]；万亿元GDP城市经济规模合计达到9.97万亿元，占到长三角的47.2%。主要中心城市经济总量迅速扩大，经济势能不断强化，在长三角打造全国强劲活跃增长极格局中，发挥着"领头雁"作用。

---

[1] 2014年《国家新型城镇化规划（2014—2020年）》提出，建设长三角、珠三角、京津冀、山东半岛、海峡西岸、哈长、辽中南、中原、长江中游、成渝、关中平原、北部湾、山西中部、呼包鄂榆、黔中、滇中、兰州—西宁、宁夏沿黄、天山北坡等19个城市群。

[2] 京津冀有2个、粤港澳大湾区有3个。

[3] 苏州、杭州、南京、无锡、宁波GDP规模分别为1.9万亿元、1.4万亿元、1.3万亿元、1.1万亿元、1.1万亿元。

二、国际产业分工垂直一体化趋势要求构建层次明晰的城市体系

（一）经济全球化符合各国利益，仍是世界发展大趋势

以跨国公司为代表的产业链环节垂直化的全球布局逐渐取代传统基于产业门类的水平分工布局。例如，以64GB iPhone X手机为例，A系列处理器由美国苹果公司自己设计；OLED屏幕来自韩国三星，存储芯片则来自日本东芝和韩国海力士及部分美国本土和欧洲企业，富士康等中国代工企业负责组装。一部iPhone手机利润在世界各个国家/地区的分配状况差异巨大，苹果公司每卖出一部iPhone，总部公司独享近六成的利润；其次是塑胶、金属等原物料供应国，占21.9%；屏幕、电子元件主要供应商仅分得了利润的4.7%，中国大陆只是通过劳工获得了其中1.8%的利润份额。

（二）掌握价值链高端的产业环节将决定要素资源配置的话语权

以纽约为例，作为世界上最重要的金融中心，拥有世界500强总部15家，高端服务业企业总部105家。纽约凭借更多的技术要素和更优越的技术创新环境，吸引跨国公司将价值链高端环节在此布局，已经形成了以金融商务等高端服务业为主导产业的集群发展模式，纽约通过集聚更多的高端要素实现向价值链高端环节的攀升，通过其他产业的渗透和融合提升其附加值，获得更多的利益分配和全球价值链上的经济控制力。

三、全球化开放经济体系要求在区域合作中拉长长板

（一）封闭经济体系中的短板理论

短板理论中，以单个木桶为对象，木桶是由长短不一的木板组成，最短的木板决定了木桶的容量。封闭经济体系中，短板决定容量。在农业社会地区的自给自足经济体系，所有的城市功能必须由城市自己提供，否则城市将无法生存。

（二）开放经济体系中的长板理论

长板理论认为，将木桶放在更大的范围，其短板可由外界填补，则木桶

最长的木板决定了木桶的优势和特色。因而在开放经济体系中，长板决定地位。合作分工语境下，短板可以由外部补齐，长板决定了可以在区域经济体系中发挥的作用，从而决定区域分工。区域经济各方拉长长板，才能将区域经济的蛋糕做大。

美国波士华城市群五大中心城市形成了明确的分工。全球城市纽约承担金融中心、贸易中心、国际政治中心功能。费城交通便利，是全国重要的铁路枢纽和主要港口，是世界造船和石油工业的主要中心之一，服装、食品、印刷、钢铁、重型机械、电机、汽车、化工等工业也很发达。巴尔的摩是承载钢铁、造船和冶炼产业的工业城，也是美国五大湖区、内陆的一个重要出海口。波士顿转型为文化名城，高等教育和医疗保健的中心，拥有国家航空与宇航电子中心等重要科研机构，也是仅次于硅谷的微电子技术中心。华盛顿是单一政治中心，经济在很大程度上同政府机关相关，印刷出版业、食品工业、高级化妆品业等获得长足发展。

四、打造长三角区域一体化整体优势

（一）上海和上海大都市圈的协同发展

核心城市作为世界城市网络重要节点的全球城市，是国际和国内两个扇面的交汇点，长板突出，通常具备综合性功能体系，以及不可复制与替代的核心竞争力，并在金融、创新、高端服务等领域占高位，通过高能级服务、高价值要素的输出和辐射，形成价值链、创新链、产业链、供应链、服务链上的区域高质量分工协作，引领区域一体化发展。

按照打造世界级城市群核心城市的要求，提高城市能级和核心竞争力，提升综合服务能力。建设卓越的全球城市，国际经济中心、金融中心、贸易中心、航运中心、科创中心和社会主义文化大都市，进一步发挥龙头带动作用。

同时，上海要从都市圈的视角来定位。上海和临沪的海门、启动、太仓、昆山、吴江、嘉善、平湖7个县市区形成大都市核心区，和周边南通、苏州、无锡、常州、湖州、嘉兴、宁波、舟山8个地级市形成上海大都市圈。

对比东京，东京都（行政层级与上海市相当）是日本“都道府县”层级的行政管理范围，面积2193.96平方公里，人口1372.4万人；中心23区（大致相当于上海外环以内）面积618.97平方公里，人口927.2万人。在东京都周边一都三县形成经济社会紧密联系的东京都市圈，以及和外围四县共同形成首都圈。其中，东京都市圈（大致相当于上海市＋临沪地区）是东京都及其周边居民日常工作和通勤的空间范围，包括东京都、神奈川县、千叶县和埼玉县，面积1.36万平方公里，总人口3643.9万人。首都圈（相当于上海大都市圈1+8）包括东京都市圈及其周边的山梨县、群马县、枥木县和茨城县，总面积3.69万平方公里，人口4407.1万人。所以，未来上海的发展必然要站在大都市圈的总体定位来确定。

（二）加强和长三角其他城市的联系

《长江三角洲城市群发展规划》确定了“一核五圈”的空间布局。核心城市上海要重视与南京、杭州、合肥、苏锡常和宁波五个都市圈以及重要节点城市之间的对接，围绕国家战略展开全方位互动，在共同争取国家重大科技项目等方面加强合作，形成“多核心、多层次”的一体化发展格局。

上海和长三角其他城市，既要相互竞争，又要寻求合作，实现“市场驱动”，但无论是竞争还是合作，都需要我们换位思考、互惠互利，完善“统筹发展”。长三角一体化发展初期，政府加强引导和推动无可厚非，但从长远看，要充分发挥市场配置资源的决定性作用，以企业为主体、市场化机制为手段，形成要素资源充分自由流动的市场一体化环境，既要注重硬件，又要注重软件，深化“三级联动”[1]。

[1] 三级运作即决策层、协调层、执行层三级合作机制，详见第八章。

（三）突出“三省一市”长板优势

上海作为长三角世界级城市群的核心城市，发挥国际化程度高、高端资源集聚、机构平台云集等优势，进一步深化改革开放，在一体化建设中发挥开路先锋、示范引领、攻坚突破的龙头带动作用。江苏要把丰富的产业、科技、人才资源整合起来，体现制造业资源叠加优势，释放创新驱动发展的强大能量，建设自主可控的现代产业体系。浙江要继续擦亮民营经济、数字经济金字招牌，突出营商环境活力，发挥改革、创新、开放、人才优势，集中力量、集聚资源、集成政策，努力形成引领未来发展的新优势。安徽要继续发挥科技创新优势和产业腹地资源，共同建设长三角科技创新共同体、全球创新成果集散中心、长三角世界级产业集群。

第二节　世界级城市群区域协调发展若干案例

发达国家区域一体化发展的起步时间较早，在体制机制、产业发展、基础设施等领域合作有诸多合作经验成效，对长三角构建功能互补、协调发展新格局具有重要的借鉴作用。

一、北欧厄勒区域一体化主要举措及经验

厄勒区域的范围包括丹麦东部哥本哈根首都区和瑞典南部斯科讷省（拥有马尔默、隆德、赫尔辛堡三个较大城市），两地隔厄勒海峡相望。20 世纪 90 年代，两国首相共同做出了推动区域一体化的决定。厄勒区域一体化是政策驱动的过程，经过二十多年持续推进，在推动区域标准统一、形成统一市场和确立优势产业等方面取得了显著成效。

（一）厄勒区域一体化的主要举措及成效

1. 建立独具特色协调机制，形成上下同欲的推进合力

厄勒区域一体化的推进协调机制分为两部分，一是自上而下建立的“双

边议会”，它的工作是在法规层面推动两国标准统一；二是自下而上成立的“厄勒委员会”，它的作用是提升民众对一体化的理解和支持，同时也为推进一体化提供了许多好的建议。

双边议会的组织架构分为三级：第一级，丹麦和瑞典两国的中央政府；第二级，由两国中央政府各任命一位本国的国务秘书（相当于副部级）组建双边议会，丹麦任命的是商务大臣，瑞典任命的是外交大臣。两国在双边议会内的成员人数相等，各十人。双边议会直接向两国中央政府汇报。第三级，双边议会下辖若干工作小组，涉及交通、劳动、文化等领域，每个小组由该领域的两国公务员和专家组成，探讨本领域两国标准是否可能统一。结果分为三种：（1）不能统一；（2）可以折中，各自修改并向标准靠近；（3）可以统一，各自相应改变。工作小组定期向双边议会提交报告，汇报工作进度。实际情况中，各领域的推进成果不尽相同，最有成效的是交通和劳动力领域。

厄勒委员会由两国地区议会指派郡级和区级的议员加入，它的主要工作是向大众宣传区域一体化的好处。另外，由于厄勒委员会自身的行政权力不足以直接解决问题，它通过各种渠道搜集、整理阻碍一体化的实际案例，列举足够的证据和信息，并敦促掌握实权的部门——双边议会解决，从而起到了发现问题的“探测器”和解决问题的“助推器”的作用。双边议会和厄勒委员会之间保持信息畅通，双边议会的官员（包括国务秘书）定期前往厄勒委员会，回答议员们的疑问。这一运作方式被证明能够非常有效地解决问题。

2. 高效便捷交通设施，促进统一市场形成

在丹麦和瑞典之间建造一座跨海大桥的讨论已有百年历史，也是厄勒区域推进一体化的头等大事。得益于双边议会的工作成果，丹麦和瑞典两国的车辆运行体系、信号标准实现了完全统一，为交通安全提供了保障。2000 年 7 月，厄勒海峡大桥正式建成通车。它连接起了丹麦哥本哈根和瑞典马尔默两座城市，且大桥两端几乎坐落于城市中心。大桥包含列车和汽车两种交通

方式，原本依靠轮渡单程耗时近2个小时，现乘坐列车只需30分钟，非高峰期驾驶汽车则耗时更短。由于两地交通往来频繁，通过收取列车车票和汽车通行费获得的收入，丹麦和瑞典两国政府得以提前清偿桥梁建设的贷款。

事实上，哥本哈根比马尔默更发达、经济增长率更高、工资水平更高、失业率更低，而马尔默则拥有较为便宜的资产价格和服务价格。由于北欧国家之间在促进劳动力流动方面本身具备较好的制度基础和共识，双边议会的前期工作也帮助进一步消除了制度障碍。大桥建成后，两地价格水平和劳动力供需的差异作为一股强大的势能，驱动大量居民选择在马尔默居住，在哥本哈根工作。瑞典人前往丹麦工作，缓解了当地劳动力短缺的问题。丹麦人在瑞典购置或租赁房产，每日往返哥本哈根工作，也帮助提振了当地的资产价格。凭借这一重大建设，厄勒区域有效地实现了人才要素市场和资产市场的资源优化配置。据欧盟测算，在人口流动高速增长的2000—2013年内，劳动力自由流动产生的经济收益约为60亿欧元。2013年当年产生的经济收益约为5亿欧元，提振厄勒地区GDP约0.3个百分点。

专栏2-1　建立信息平台促进互信、促进流动

从厄勒地区的经验来看，为往返两地的劳动者和企业家及时准确地提供信息也被证明是促进一体化十分有效的做法。厄勒地区建立了名为“Oresunddirekt”的信息平台，该平台包罗了前往异地需要用到的工作、医疗、居住、养老、税收等方面的最新政策和便民信息。平台信息中心位于马尔默，管理部门位于哥本哈根。平台与两地税务、社保、就业以及地区管理委员会等相关机构密切合作，信息的准确性由相关负责部门保证。在一体化推进初期，法律制度、行政管理方式出现变化，通过统一的官方平台及时公布相关政策数据，给企业家和劳动者打了一剂“强心针”，增强了社会各界对区域一体化的信心。

通过持续建设，厄勒地区通往外部的交通也十分完善。哥本哈根机场多次当选“欧洲最佳机场”荣誉，每年接待旅客数超过 3000 万。哥本哈根-马尔默港是北欧地区最大的汽车滚装码头，欧盟核心港口，2017 年运量超过 1560 万吨。丹麦通往德国的跨海大桥 Fehrman Belt 预计于 2021 年完工，届时厄勒区域与欧洲大陆的联系将进一步加强。根据调查，“交通”和“人才”是跨国企业、创新企业选择将总部设立在厄勒地区最重要的两大因素。

3. 打造科创协同网络，形成特色优势产业

厄勒地区发挥科技创新协同效应的成功做法被总结为“三螺旋模型（triple-helix model）”。通过由政府、企业和大学分别派出代表组成董事会，进行诸如拨付科研经费和评估研究能力等的决策，“三螺旋模型”将三方紧紧地“旋”在一起。凭借该案例，厄勒地区成功摘得 2008 年度欧盟的“欧洲之星”大奖。医药谷的成功是“三螺旋模型”运行有效的最佳佐证。医药谷由政府推动，是继伦敦、巴黎之后的全球第三大医药创新、研发基地，集合了厄勒地区生命科学领域 9 所顶尖大学、7 座科创园、10 个孵化器、350 家企业的科研和人才优势。这里已经聚集了斯堪的纳维亚地区 60% 的制药企业，诺和诺德、利奥制药、百特医疗、丹麦灵北制药等众多知名药企的总部均坐落于此。

“三螺旋模型”的具体内容是，组建厄勒大学，打造厄勒科学区。厄勒大学是厄勒地区 12 所大学的联合，它的工作重点不是开拓新的理论研究领域，而是推动科学研究的市场化应用。厄勒科学区由七个科研平台组成，医药谷是其中的一个研究领域。厄勒大学和厄勒科学区秘书处是“一套班子，两块牌子”，厄勒大学向每个科研平台拨付经费，支持从科研成果中产生的项目提案，同时为企业确认潜在的合作领域，使企业能够直接接触厄勒地区所有大学的科研资源。它们的资助方除了厄勒地区的大学，还有丹麦首都哥本哈根的政府，瑞典斯堪尼亚公司，丹麦经济与商业事务部，瑞典企业、能

源与交通部，以及 2500 家会员企业。

值得一提的是，想要成为平台会员的企业需要满足不同等级的条件，才能进入“内部圈子（inner circle）”，享受更多科研平台资源和服务。最低等级的条件是企业必须要将地区性或功能性总部设立在厄勒地区，或者必须是“知识驱动型”的企业。目前，2500 家会员企业中，约有 1000 家企业是“内部圈子”成员。

厄勒区域一体化目前也面临着一些挑战：一是厄勒地区在税收、教育、养老金等方面的制度融合始终没有大的进展，一定程度上阻碍了企业和劳动者的跨国流动。二是受到单边主义兴起、国际化进程放缓的影响。2016 年，丹麦认为“厄勒经济圈”这一名称在全球知名度不高，将其改名为“大哥本哈根经济圈”，瑞典持反对态度，随着“厄勒委员会”这一名称的消失，相关活动也大幅减少。三是马尔默的移民犯罪问题浮出水面，城市个别区域治安变差，马尔默单方面启动厄勒海峡大桥的身份检查制度，导致跨桥通行时间延长，通行人次降低。

（二）厄勒区域一体化的启示与建议

回顾厄勒区域推进一体化的成功经验，给我们带来三点启示。

1. 建议长三角一体化继续优化推进协调机制，提升工作成果的显示度

在改革阻力较小的领域率先尝试区域标准统一。全力配合交通基础设施建设，在制度层面上实现互联互通。在需要重点攻关的领域，建立层级扁平、分工明确的协调机制，抽调三省一市有一定决策权限的公务员组成专业工作小组，直接向主要领导汇报。发挥基层组织作用，加大宣传力度，使长三角一体化工作获得更广泛支持。建立健全基层执行部门表达意见、反馈效果的渠道，推动三省一市的标准统一工作顺利平稳进行。

2. 建议长三角示范区同时大力推进对内、对外交通基础设施建设，促进统一市场形成

三省一市在人才资源、资产价格、经济发展水平上有落差，从厄勒地区

经验来看，高效便捷的交通设施对弥合差距、促进统一市场形成、促进各类要素资源优化配置有极大的正面促进作用。配套建立长三角示范区信息平台，与社保、税务、环保等部门合作，第一时间向全社会发布示范区的最新政策法规。重视打造示范区对外联系通道，提升示范区对外吸引力，发挥示范区优化资源配置的正向外部效应，使一体化迸发出更强的生命力。

3. 重点发挥示范区的科技创新协同效应

科技创新与周围环境紧密融合、科技创新为工作生活服务，科技创新成为带动产业发展、经济转型的驱动力。借鉴厄勒科学区建设的成功经验，建议集合长三角三省一市重点大学的力量，成立环淀山湖大学，选定若干个有基础的学科，建设科创平台，集中投入科研资源，可聘请在相关领域有较多研究成果、有一定社会地位的学者担任平台主席。继续发挥上海和安徽国家级科创中心在基础研究领域的领先优势，长三角示范区应专注承接理论研究成果，开拓市场化应用。有关发展方向、经费预算、评估考核等的重要事项应由政府、企业和大学派出的代表共同决定。对企业实行会员分级制，推动高新技术企业将地区性或功能性总部落户示范区。推动中小企业间的合作和资源互补。大力宣传示范区的宜居性，吸引投资者和创新人才。

二、巴塞尔都市圈一体化发展的做法和经验

（一）巴塞尔都市圈：跨国界的全球著名生物谷

巴塞尔都市圈（Basel Metropolitan Area）位于瑞士、法国、德国三国交界处。以瑞士巴塞尔市为核心，范围大致包括巴塞尔城市州[1]、乡村州，德国罗拉赫区和法国包含40个城镇的圣路易斯联合体。总面积2000多平方公里，人口90多万，都市圈2016年GDP为380.64亿美元[2]。

［1］巴塞尔城市州由三个城市组成：里恩市（Rihen）、贝廷根市（Bettingen）和巴塞尔市（Basel）。

［2］按当年汇率，折合人民币2531亿元。

巴塞尔都市圈产业特色十分鲜明，已打造成为以生命科学产业为核心的“生物谷（BioValley）”，是全球生命科学行业最重要的中心之一。全球医药企业前五强——罗氏、诺华，以及行业龙头巴斯夫、先正达的总部均位于都市圈内。强生、礼来、杜邦等知名企业也在都市圈内设立功能性或区域性总部。“生物谷”现有600多家企业，14个科技园区，10所大学及科研院校，其中，巴塞尔大学在生化研究领域居于世界领先地位。区域研发投入占比、医药专利数量远高于同类生物医药产业集群。

（二）巴塞尔都市圈建设的主要做法及经验

1. 高关联度和创新能力的跨边界地区产业

织密行业联系网络。为了加强三国产业协同发展，第一步工作是三国各自成立行业协会。行业协会摸清本地区生命科学企业情况，通过制作名簿方便会员查询联系，定期组织行业交流活动的方式，不断加密人与人之间的联系，企业、科研机构、服务机构之间的联系，以及人与企业机构间的联系。在此基础上，成立三国联合的行业协会，不断加大行业联系网络的密度和广度。凭借信息的高效流通，巴塞尔都市圈逐步建立起有竞争有互补、覆盖全产业链、行业龙头集聚、中小企业活跃的生命科学产业集群。

培养创新系统自我成长的能力。一是围绕产业打造多层次教育体系。巴塞尔都市圈科研资源丰富，在此基础上陆续建立13家教育培训机构（部分与大学合作），提供最短周期为两年的生物科技训练课程、高中假期训练等，结业者可获得国家认证的证书参与相关工作。多层次无缝衔接的教育体系不断充实巴塞尔都市圈的行业后备人才。二是大力发展科技创新服务，鼓励其做精做细。1997年至2001年，欧盟区域发展基金资助“生物谷”220万欧元，用于提升行业协会对该地区企业的服务水平，同时支持区域内的创业活动。2002年至2006年，资助额提升至240万欧元。目前，“生物谷”内14个科技园区提供诸如试验设备、融资渠道、科研资源等各有专长的服务，完善的科技创新服务有效地对接起了研究与应用、技术与资本，“生物谷”发展渐成规模，能够吸引专业投资者和大型药企的投资，基本具备自我造血功能。

2. 权利平等的跨边界地区协调机制

实现各方权利平等。TEB（Trinational Eurodistrict Basel）是巴塞尔都市圈专门的协调推进机构，包含 24 名董事会成员，每个国家 8 人，负责 TEB 的日常管理和事务工作。董事会内选举 3 名成员组成主席团，主席团任期两年，每位主席代表一个国家，正主席一职在三个国家间轮值。TEB 主席团现任主席是瑞士贝廷根市市长，副主席分别为德国汝拉地区主管和法国于南格市市长。

当前，TEB 的重点工作是建设 3Land 地区（图 2-1）。3Land 地区由国境交界处的三个城市（镇）组成，分别是瑞士巴塞尔市、法国于南格和德国莱茵河畔威尔。总面积约 4.3 平方公里，可以看作巴塞尔都市圈的核心区。

重点工作争取最广泛共识。巴塞尔都市圈整体推进协调机构 TEB 针对核心区建设专门成立了推进小组，由巴塞尔、于南格、莱茵河畔威尔三市市长担任轮值主席，成员则包括邻近地区的城市，以及所属大区的管理机构。例如，于南格所属法国上莱茵河地区主管部门、于南格旁的圣路易斯市，以及德国莱茵河畔威尔所属罗拉赫区的主管部门等。所有成员有权知悉核心区的建设情况，若本辖区范围内有可能影响到核心区建设效果的计划，要尽到告知及协调的义务。核心区建设推进小组，若发现可能对周边地区的发展产生影响的情况，也会告知对方并协商。例如，经过测算，推进小组认为核心区建设将对罗拉赫区的人流产生较大影响，便主动提醒该区管理者做好过渡工作，降低了当地政府管理难度。

3. 共享、绿色、开放的跨边界核心区建设理念

功能互补项目推动共享融合。巴塞尔都市圈核心区建设较为注重区域之间的功能互补，着力发挥三地之间不同的优势功能。比如，在法德边境交界处，莱茵河两岸的于南格和莱茵河畔威尔两市大力建设以居住和休闲功能为

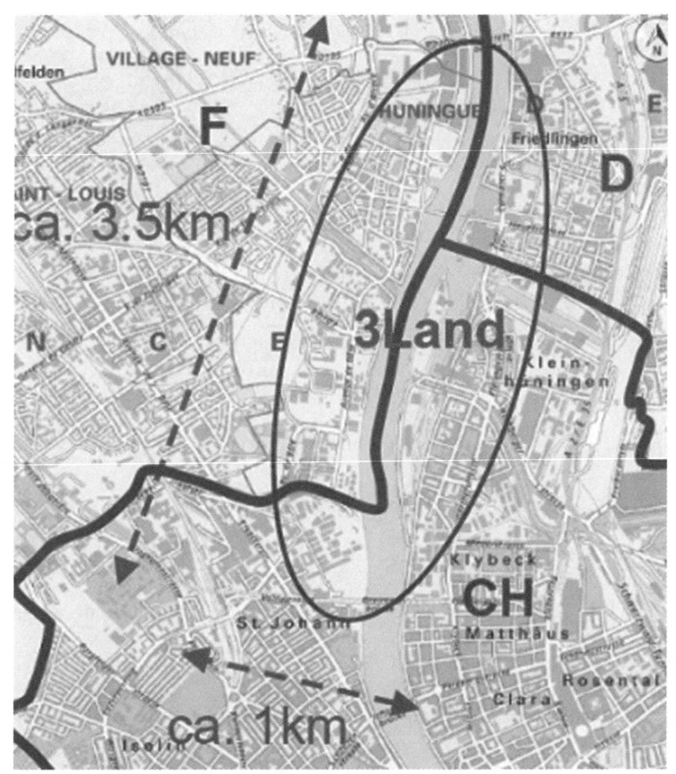

图 2-1　3Land 区域所处位置示意

资料来源：课题组绘制。

主的社区，并形成空间相连的居住板块，这也是核心区第一个建成的项目。又如，在法瑞边境交界处，巴塞尔市建设以商住混合功能的板块，于南格建设以工业、科研活动为主的区域，这也体现了两地的资源禀赋和产业关联。再如，为了更好地为巴塞尔都市圈输送就业人才，于南格市在边境处建设融合三国特点的教育功能区。通过将核心区建设拆分成三个较为独立的功能区，且每个功能区仅涉及两国间的协调，建设的沟通难度大大降低。同时，每个区域聚焦各自优势功能，也有助于促进人口和资源的进一步融合。

优先发展绿色交通网络。核心区建设的主旨就是要实现绿色空间、开放空间和自然保护，在边境处新建三座桥（法德间、法瑞间为跨莱茵河大桥，德瑞间为人行天桥），专供行人和自行车使用，与周边已有的步道组成交通网络，通过步行、骑行就能方便地跨越国境到达目的地。这一做法既能有效鼓励人们增加绿色出行，又能使一体化的概念直观且深入人心，起到了较好的示范引领作用。除此之外，核心区内还要求三地加大生态区域的建设力度并形成呼应。于南格市将废弃码头地区改造成城市公园，巴塞尔将原铁轨路线区改造成中央广场，莱茵河畔威尔扩大莱茵公园的规模，打造成沿河岸线新的开放空间，同时在铁轨下建设绿化走廊通道。

承办重大会展活动，提升开放度和影响力。除核心区建设外，巴塞尔都市圈协调推进机构 TEB 的另一项重点任务就是筹办 2020 年巴塞尔建筑展。巴塞尔建筑展已有一百多年的历史，本次建筑展的主题是“跨越边界，共同成长（Growing together across borders）”，打破了建筑展以往只在一个国家举办的惯例，首次由瑞士、法国、德国共同展示，吸引世界各地的人们前来参观学习。核心区建设就是本次建筑展的展示项目之一，通过展示区域内部分项目，举办论坛，有效提升了对外知名度和影响力。

第三节　发挥上海核心城市的辐射带动作用

上海作为长三角世界级城市群的核心城市，依托社会主义现代化国际大都市的功能定位，提高城市能级和核心竞争力，立足自身实际、放眼长三角发展需求，发挥服务辐射功能，夯实区域一体化的龙头作用。

一、发挥龙头作用，依托上海比较优势聚焦核心功能

作为长三角世界级城市群的核心城市，上海发挥龙头带动作用，关键要发挥好全国经济中心城市的综合服务功能，提高“五大中心”功能核心竞争力和服务辐射能级，构筑中心城市资源配置、枢纽组织、平台服务等功能优势，以“高峰”带动“高原”崛起。其具体体现为提升五大功能。

（一）提升要素链上的资源配置功能

重点是提升金融要素市场对长三角地区的资源配置功能和服务辐射能力，这也是上海在长三角区域分工合作格局中应拉长的最大长板。上海集聚了股票、债券、货币、外汇、黄金、期货等各类金融要素市场，金融市场规模表现已经基本达到甚至部分超越了香港、新加坡等国际重要金融中心。2018 年，上海金融市场成交总额 1645.8 万亿元，全国直接融资总额中的 85% 以上来自上海金融市场。上海应将机构集聚、市场发达、体系完整的金融优势与长三角产业升级需求紧密结合，推进跨区域多形式产融结合，形成金融服务与实体经济良性互动发展，撬动长三角先进制造集群的快速发展。

（二）提升供应链上的管理枢纽功能

上海集聚了众多物流公司总部、跨国公司亚太分拨配送中心、供应链管理企业、大宗商品交易市场、供应链金融等主体，拥有世界级枢纽地位的航空港和海港（上海航空港开通了 135 个国际航点，2018 年两大机场旅客总吞吐量突破 1.17 亿人次；上海港则是中国大陆集装箱航线最多、航班最密、覆盖面最广的港口，集装箱吞吐量连续九年保持世界第一），在长三角供应链网络中扮演着核心节点的角色。上海应进一步发挥服务辐射长三角、链接联通国际的门户枢纽功能，推动长三角地区供应链服务一体化高质量发展，成为长三角融入全球供应链的枢纽供应链管理中心。

（三）提升产业链上的总部基地功能

上海总部经济集群优势明显，特别是在跨国公司总部集聚方面。截至 2018 年底，在上海落户的跨国公司地区总部累计达 670 家，数量继续保持全国第一。但在集聚国内龙头企业总部方面仍有待提升。2019 年《财富》世界 500 强排行榜显示，北京拥有世界 500 强 56 家（占中国世界 500 强企业数量近半数），上海仅有 7 家上榜（上汽集团、宝武钢铁、交通银行、太平洋保险、绿地、浦发银行、中远海运），差距十分明显。上海要充分发挥企业总部集聚地的节点作用，成为长三角企业拓展全球布局、优化国内布局、组织区域生产的重要枢纽。

（四）提升价值链上的高端服务功能

上海高端服务业集聚度较高，在推动长三角价值链升级中处于引领地位。从全球视角看，上海在高端生产性服务业全球关联网络中的排名不断上升，GaWC 排名由从 2000 年的第 36 位上升到 2018 年的第 6 位，远高于杭州（第 75 位）、南京（第 94 位）。从区域格局看，上海金融服务、科技服务、信息服务等生产性服务业集聚度较高，在长三角乃至全国处于领先地位。上海要继续加大高端服务业和全球价值链高附加值服务环节的集聚力度，支撑长三角制造业转型升级，推动长三角产业链水平向中高端迈进。

（五）提升创新链上的科技策源功能

长三角初步形成以上海、杭州、南京、合肥四大城市为核心节点的科技创新合作网络，上海“首位城市”地位明显（如 2017 年上海 R&D 投入强度为 3.93%，要高于江苏的 2.63%、浙江的 2.45% 和安徽的 2.05%）。上海在链接全球创新网络（集聚了 441 家外资研发中心，数量全国第一）、基础前沿研究（高校科研机构实力较强，拥有一大批世界级大科学设施群）、研发机构集聚（华为、吉利、威马、科大讯飞等国内企业研发中心纷纷入驻上海）、科技创新服务（2005—2016 年上海科技服务业区位熵平均值为 1.693，明显高于浙苏皖三地，表明上海科技服务产业集聚度在长三角地区处于绝对领先水平）、创新人才集聚等方面具有突出长板优势，已经成为长三角科技创新合作网络枢纽和技术创新输出枢纽，形成了以 G60 创新主走廊、G42 创新主走廊、“上海—合肥”次级创新走廊等为主的区域创新网络布局。上海要发挥创新策源地的引领作用，推动长三角创新一体化发展。

二、优化空间布局，将五个新城打造为长三角综合性节点城市

（一）新城发展现状和成效

1. 完善上海城市发展空间布局，促进城乡融合发展

上海在 20 世纪 90 年代前，产业和人口高度集中在中心城区范围内，

城市空间结构呈现典型的“单中心”特征。随着“四个中心”的发展定位和新城开发建设，中心城区传统制造业逐步向外转移，郊区开始成为上海经济协调发展的新增长空间，城市空间结构也向“多中心”转变，形成“中心城—新城—新市镇—乡村”的城镇体系。同时，推进新城建设在更高水平上促进了上海城乡融合发展，构建了覆盖城乡的基础设施体系和公共服务体系，初步建立符合上海特大型城市特点的城乡一体化发展新格局。

2. 在优化上海城乡人口结构中发挥了重要作用

五个新城从启动建设初期约 90 万人增至目前的 240 万，对照五个新城 2020 年总体规划目标，嘉定、青浦、南汇新城基本实现规划人口集聚，松江、奉贤新城完成超过 2/3。新城增加的人口主要分为三类：一是辐射区域人口进城。随着新城城市建设推进以及公共服务不断完善，不断吸引所在区和周边乡镇村的人口进城入住，以松江新城为例，在周边 4 个镇 14 万户籍人口中，有 50%—60% 到新城买房。二是市区人口疏解。新城范围内已建和拟建大居规模总计 62 万人（松江南站大居、奉贤南桥东大居、嘉定城北大居、青浦城一站和四站大居），为市区人口动迁安置、改善市民生活质量提供了有力保障。三是外来人口导入。至 2019 年末，五个新城的外来人口数超过 120 万，占比超过 50%。从增长趋势看，近 20 年间，除奉贤新城外，松江、嘉定、青浦、南汇外来人口占比逐步上升。

3. 基本形成以城促产、以产兴城的融合发展格局

新城产城空间布局上呈现功能分区、有机互动的模式。2010 年规划修编后，青浦工业园、松江经开区等产业园区被纳入新城规划范围，进一步加强了产城功能紧密联系，呈现产、城组团式发展。此外，嘉定工业区、安亭汽车城、华新产业园等园区虽然规划上未纳入新城范围，但因其就业吸纳能力较强，实际上与新城之间形成了产城相互促进的作用。新城产业能级不断提升，形成了一批具有规模和特色现代化产业。嘉定新城以嘉定工业园和汽车城为载体，形成了以汽车和新能源、人工智能、高端医疗设备为代表的先

进制造业集群；青浦新城依托虹桥商务区和青浦工业园，形成了以新材料、信息技术、生物医药为代表的产业集群；松江新城依托临港科技城和松江经济开发区，形成了以工业互联网、机器人、高端装备制造为代表的制造业集群和影视传媒特色；奉贤新城依托“东方美谷”品牌打造，集聚了大批健康管理和生物医药产业。

4. 以交通网络为代表的基础设施体系基本成型

五个新城均初步建成了以轨道交通和快速路为骨架的现代化交通体系。目前，五个新城均有一条连接中心城区的轨道交通（嘉定新城的 11 号线、松江新城的 9 号线、青浦新城的 17 号线、奉贤新城的 5 号线以及南汇新城的 16 号线），沪通、沪苏湖铁路开工建设，嘉闵线、临港快线等一批市域线开工在即。新城之间、新城与周边城市间也形成了由国省干线公路构成的多通道布局。新城内部交通也逐步完善，如松江新城有轨电车 T1、T2 开通运营 28.5 公里，奉贤新城 BRT 开通运营。现代化城市基础设施建设取得了跨越式发展。临港开展了国家海绵城市试点，松江新城建成上海综合管廊展示段。高品质的住宅、商办项目布局新城，新城住宅量占全市总量的比重约 20%。奉贤的上海之鱼、青浦的环城水系公园等优质生态项目逐步建成。

5. 优质公共服务资源集聚实现新城宜居宜业

五个新城的优质医疗、教育、文体资源得到显著提升，与中心城区差距持续缩小，既增强郊区市民获得感，也有效疏解了部分中心城功能。医疗卫生方面，各新城三级医院实现由无到有，目前除南汇新城外（无二级医院），其余新城均已形成“三级医院—二级医院—社区卫生服务中心”的服务体系。教育方面，通过合作办学、开设分校等方式提升了新城教育质量，如嘉定新城引进了交大附中、民办华师二附中初中，南汇新城引进上海中学东校、明珠小学、建平小学等名校资源。文体方面，大型公共场馆如奉贤九棵树、嘉定保利大剧院等显著提升了新城功能和人气。

过去数十年间，新城在发展理念上一以贯之、在发展策略上与时俱进，尤其是2010年以来，市、区合力推动新城建设取得长足发展，基本形成产城融合、相互促进的发展态势，现代化城市基础设施体系和生态宜居环境基本完善，优质公共服务显著提升，为疏解中心城区人口和功能发挥了积极作用，有力推进了上海市城乡融合发展和城乡空间结构优化，对照原定的2020年建设目标，新城建设总体上取得了战略成功。

（二）上海市新城功能定位

1. 功能定位

“十四五”时期，随着发展环境发生深刻变化，上海市新城迎来了新的战略使命，要围绕构建以“中心辐射、两翼齐飞、新城发力、南北转型”为特征的空间新格局，大力实施新城发展战略，放大新城在服务新发展格局、强化“四大功能”、发挥好打造改革开放新高地、创造高品质生活、改善生态环境质量等方面的关键作用。

新城要成为上海经济发展的重要增长极。“十四五”是上海强化“四大功能”、深化“五个中心”的关键时期，尤其是在上海建设国内大循环中心节点和国内国际双循环战略链接的背景下，新城要充分发挥自贸试验区新片区、长三角一体化等国家战略叠加优势，成为打响“上海制造”品牌的主战场，打造以战略性新兴产业和先进制造业为核心的高端产业引领功能，产业能级、产业链现代化水平再上新台阶，增强经济韧性和产业强度，成为立足国内市场、面向全球市场的经济发展增长极。

新城要成为上海功能布局的战略新空间。着眼于融入新发展格局、更好推动长三角一体化发展国家战略，新城要按照长三角城市群的独立综合性节点城市要求，承接主城区功能溢出，强化城市资源要素科学配置和合理流动，推动上海城市结构从单中心向网络化、多中心逐步转变，通过产城融合不断促进全市功能布局优化，形成分工明确、优势互补、布局合理的战略空间。同时发挥新城在城镇体系中的转换枢纽作用，加快促进资金、人才、技术等要素向新城集聚，并有效辐射带动郊区乡村发展，形成城乡融合发展新格局。

新城要成为人民城市建设的引领样板区。围绕“人民城市人民建、人民城市为人民”的重要理念，以满足人民日益增长的美好生活需要为根本目的，把新城打造成为近悦远来的高品质未来之城，通过高标准配置城市基础设施、高品质提供城市管理和公共服务、高水平引导居住和产业空间合理布局，建设成为社会主义现代化大都市最现代、最生态、最便利、最具活力的样板间。

2. 特色功能

要将新城打造成为活力之城、宜居之城、未来之城。

活力之城：以集聚百万人口为目标，加大人才引进力度，增强上海城市发展活力。持续推动新兴制造业集群集聚，与中心城区功能形成有效互动，成为上海城市能级提升、经济持续增长的动力源和增长极。

宜居之城：全面践行人民城市理念，坚持人民群众的城市建设和发展主体地位，合理配置产业要素和生活功能，完善城市功能配套。构建与市民需求相符合的住房供应体系，完善城市交通、教育、医疗、文体等基础设施和公共服务，打造人性化城市、人文化环境、人情味生活，实现宜居宜业。

未来之城：瞄准高品质生活，以智慧城市、海绵城市、生态城市、韧性城市等未来城市理念为建设要求，在新城率先构建智慧交通、5G、工业互联网、物联网等现代化生活生产方式。

第三章

推动建设协同创新产业体系
携手共建世界级产业集群

当前，新一轮科技革命和产业变革加速演变，我国面临更加严峻的国际经贸形势，特别在核心关键技术方面，凸显了提高我国科技创新能力的紧迫性。“勇当我国科技和产业创新开路先锋”是习近平总书记和党中央对长三角地区承担的国家战略使命的殷切希望。上海和长三角地区不仅要提供优质的产品，更要提供高水平的科技供给，支撑全国高质量发展。

第一节　勇当我国科技和产业创新的开路先锋

构建协同创新产业体系是长三角地区肩负的一项国家战略使命，既是引领我国产业影响力与竞争力提升的重要力量，也是长三角肩负国家使命和参与全球竞争的重要担当。

一、发展背景和重大意义

当前，世界面临百年未有之大变局，我国经济发展进入新常态，长三角区域一体化发展深入推进，新一轮科技革命和产业革命不断兴起，以国内大循环为主体，国内国际双循环相互促进的新发展格局加快形成，全球价值链分工体系面临重构风险。因此，长三角构建区域协同创新的产业体系，要把据新一轮科技革命与产业革命带来的现代产业体系加速变革，全球产业链分工体系重构带来的发展冲击等外部机遇和挑战。

构建协同创新产业体系也是长三角地区肩负的一项国家战略使命，既是引领我国产业影响力与竞争力提升的重要力量，也是长三角肩负国家使命和参与全球竞争的重要担当，更是推动长三角更高质量一体化发展的内在要求。

二、长三角是我国从制造大国向制造强国迈进的主阵地

《中国制造 2025》提出我国要从制造业大国向制造业强国转变的总体目标，2020 年 8 月习近平总书记在扎实推进长三角一体化发展座谈会中指出，长三角要“勇当我国科技和产业创新开路先锋”。长三角作为我国经济发展水平最高、产业门类最齐全、体系最完善、发展基础最好的地区，必须承担引领制造强国建设的战略使命。要进一步做大做强主导产业，培育专业领域龙头企业，打造世界级产业集群，代表国家参与全球竞争。

按照长三角一体化《规划纲要》明确的目标要求，长三角正围绕电子信息、生物医药、汽车、高端装备、新材料、绿色化工等优势产业领域，积极打造若干世界级产业集群，努力成为我国强劲活跃增长极。三省一市在“十四五”规划中都提出重点发展电子信息（如集成电路、新型显示）、生物医药、人工智能、汽车、高端装备、新材料、绿色化工等产业。未来，长三角要进一步聚焦集成电路、生物医药、人工智能等重点领域和关键环节，力争尽早取得突破。

三、长三角产业结构呈现分工协作深化特征

我们利用三省一市公开统计数据，从产业门类、工业产业（大类）和主要工业产品（18 种共同主要工业产品）三个层面测算了长三角的产业结构

相似系数[1]。从17个产业门类[2]测算结果来看，三省一市产业结构相似系数均高达90%以上，苏浙皖三省之间相似度高达98%以上。按照工业经济部门的35大类[3]测算，结构相似系数下降到70%到80%。而按照18种共同可比较的主要工业产品[4]测算，结构相似系数下降到40%—60%，产业趋同的问题已经不显著，甚至表现出趋异的特征。

表3-1　长三角产业结构相似系数表

按照17个产业门类测算					按照35个工业大类测算					按照18个共同主要工业产品测算				
	上海	江苏	浙江	安徽		上海	江苏	浙江	安徽		上海	江苏	浙江	安徽
上海	1				上海	1				上海	1			
江苏	0.91	1			江苏	0.822	1			江苏	0.593	1		
浙江	0.93	0.99	1		浙江	0.78	0.908	1		浙江	0.381	0.677	1	
安徽	0.89	0.98	0.98	1	安徽	0.734	0.879	0.876	1	安徽	0.409	0.731	0.547	1

资料来源：三省一市统计年鉴（2020年）。

---

[1] 计算公式如下：$S_{ij}=\sum_{k=1}^{n}(X_{ik}X_{jk})/\sqrt{\sum_{k=1}^{n}X_{ik}^2\sum_{k=1}^{n}X_{jk}^2}$ 其中，S_{ij}是i区域和j区域的结构相似系数，i和j是两个相比较的区域；X_{ik}是i区域k产业占整个产业的比重，X_{jk}是j区域k产业占整个产业的比重。

[2] 17类产业分别是：农、林、牧、渔业，工业，建筑业，批发和零售业，交通运输、仓储和邮政业，住宿和餐饮业，信息传输、软件和信息技术服务业，金融业，房地产业，租赁和商务服务业，科学研究和技术服务业，水利、环境和公共设施管理业，居民服务、修理和其他服务业，教育，卫生和社会工作，文化、体育和娱乐业，公共管理、社会保障和社会组织等产业。

[3] 35类工业分别是：采矿业，农副食品加工业，食品制造业，酒、饮料和精制茶制造业，烟草制品业，纺织业，纺织服装、服饰业，皮革、毛皮、羽毛及其制品和制鞋业，木材加工和木、竹、藤、棕、草制品业，家具制造业，造纸和纸制品业，印刷和记录媒介复制业，文教、工美、体育和娱乐用品制造业，石油、煤炭及其他燃料加工业，化学原料和化学制品制造业，医药制造业，化学纤维制造业，橡胶和塑料制品业，非金属矿物制品业，黑色金属冶炼和压延加工业，有色金属冶炼和压延加工业，金属制品业，通用设备制造业，专用设备制造业，汽车制造业，铁路、船舶、航空航天和其他运输设备制造业，电气机械和器材制造业，计算机、通信和其他电子设备制造业，仪器仪表制造业，其他制造业，废弃资源综合利用业，金属制品、机械和设备修理业，电力、热力生产和供应业，燃气生产和供应业，水的生产和供应业。

[4] 18种主要工业产品包括：布，焦炭，食用植物油，纱，烧碱，水泥，粗钢，化学纤维，硫酸，汽油，塑料，汽车，彩色电视机，家用电冰箱，房间空气调节器，家用洗衣机，微型计算机设备，发电设备。

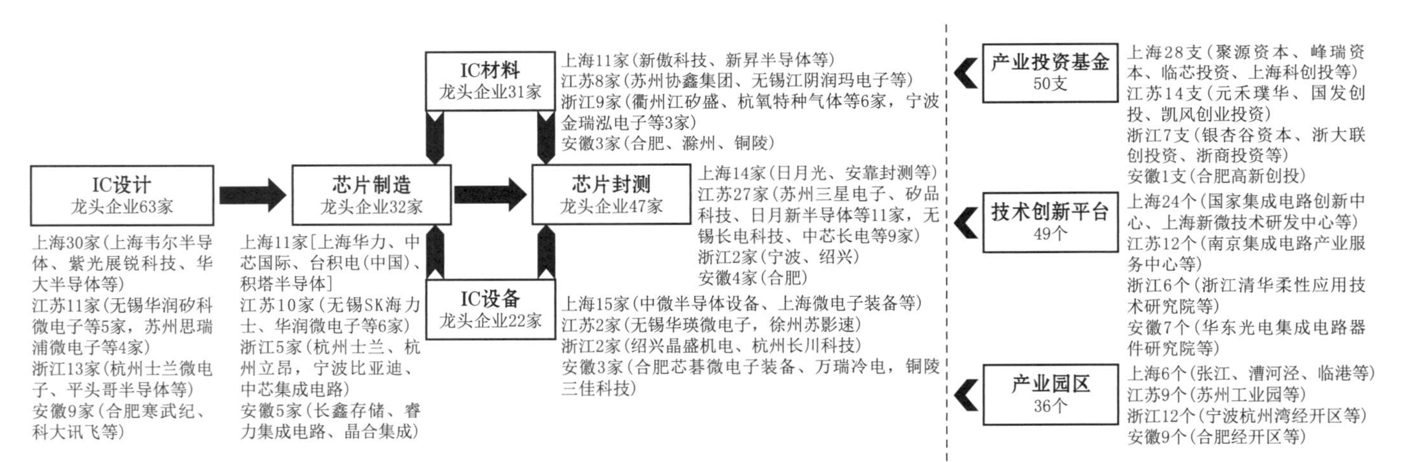

图 3-1　长三角集成电路产业链分工

资料来源：课题组绘制。

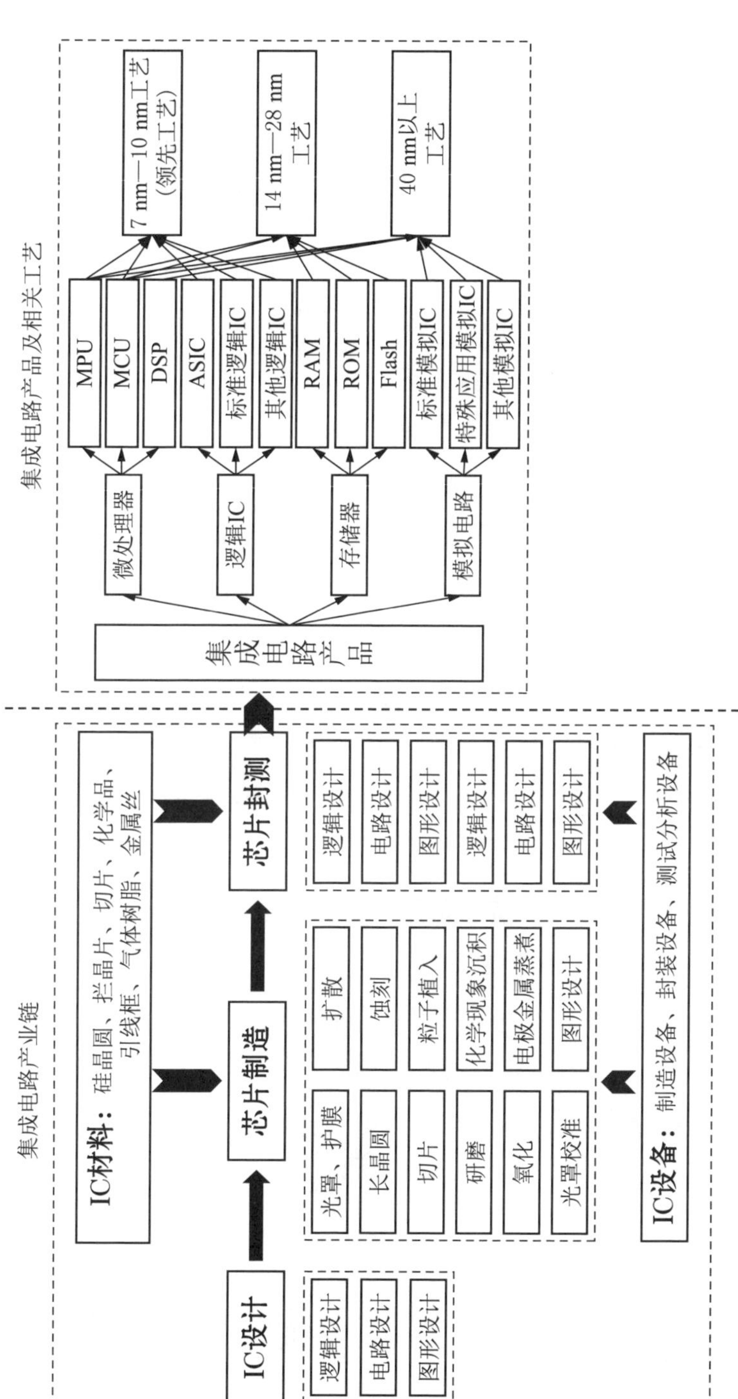

图 3-2　集成电路产业链和产品图谱

资料来源：课题组绘制。

深入产品层面，以集成电路产业为例。长三角集成电路总规模占全国的比重约 50%，其中集成电路设计占全国的 32.6%，晶圆制造占全国的 53.4%，封装测试占全国的比重超过 60%。从产业链构成来看，长三角形成了设计—制造—封测—设备—材料较为完整的产业链，其中上海侧重发展芯片设计、晶圆制造和装备环节，产业规模约占全国的 23%，集聚了全国约 40% 的产业人才，承担了 50% 的国家集成电路重大专项，中芯、华虹、格科微等龙头企业加快在长三角布局。江苏侧重发展封测环节，占全国封测业比重 55%，长电科技、通富微进入全球前十。浙江宁波、衢州侧重发展材料环节。安徽侧重发展存储芯片、驱动芯片、家电芯片等特色芯片产品。

从产品线看，主要企业也各有侧重和分工，逻辑电路（中芯、台积电）、功率器件（华虹、闻泰科技、士兰微）、存储器（合肥长鑫）等，共同支撑起全国集成电路的半壁江山。而就产品工艺而言，CPU、GPU 等超大规模逻辑集成电路主要使用的 7 nm—10 nm 领先工艺，占据 13% 的市场；存储器件使用的 14 nm—28 nm 工艺，占据 35% 的市场；MCU/MPU、模拟器件、分立器件和传感器主要使用 40 nm 以上工艺，占据剩余 52% 的市场。

四、长三角产业分工体系是市场配置资源的结果

长三角三省一市的资源禀赋和自然地理条件相似，决定了三省一市具有接近的产业发展条件，很容易吸引同类产业的集聚。同类产业在地域空间上的高度集聚，一方面从统计分析上呈现产业趋同，另一方面初步形成了世界级产业集群。从产业规模来看，长三角集成电路、机器人等产业规模占全国半壁江山，机器人本体销量占全国的 70% 以上，生物医药、汽车等产业占全国比重也高达 30%、21%。主导产业和龙头企业的集聚，在长三角布局产业链、拓展供应链，进一步吸引围绕产业链上下游企业集聚，产业的区域内部配套达到 60%—70%，产业创新能力不断提高。比如长三角生物医药产业，药品注册申请占全国总量的 21.5%，临床申请获批总量占全国的

43.4%，上市申请获批中，江苏、上海分别位列全国第一、第四，分别占全国总量的 14.5% 和 6%。又如机器人产业的龙头企业上海新时达，总部、研发和本体生产在上海，国产减速器采购苏州绿的谐波和南通振康，其他配套供应商也主要来自长三角地区。

目前，按照市场经济规律和长三角企业目前的技术水平，区域投资方向自然集中在几个高盈利的行业和产品，例如汽车、手机、集成电路、家用电脑、房地产、钢铁、纺织服装、医药、家用电器、精炼食用油、鲜奶等。而在开放的区域发展格局中，长三角产业一方面要满足庞大的区域市场和国内市场，更要面向更加广阔和复杂的国际市场。客观上要求我们必须做大产业规模，也丰富产品类型。同时，企业间通过不断竞争强化创新实力，拓展差异化细分市场，为消费者提供更多质优价廉的产品和服务。例如上汽集团，坚持产品差异化战略，旗下品牌包括上汽通用、上汽大众、上汽大通、上汽申沃、上汽申龙，自主研发上汽荣威、上汽名爵等品牌，并加快向新能源汽车领域战略布局。2019 年中国燃油车销售市场份额中，上汽大众、上汽通用、上汽通用五菱、上汽股份等产品分列销售榜前 20 位产品的第二、三、六和十三位。

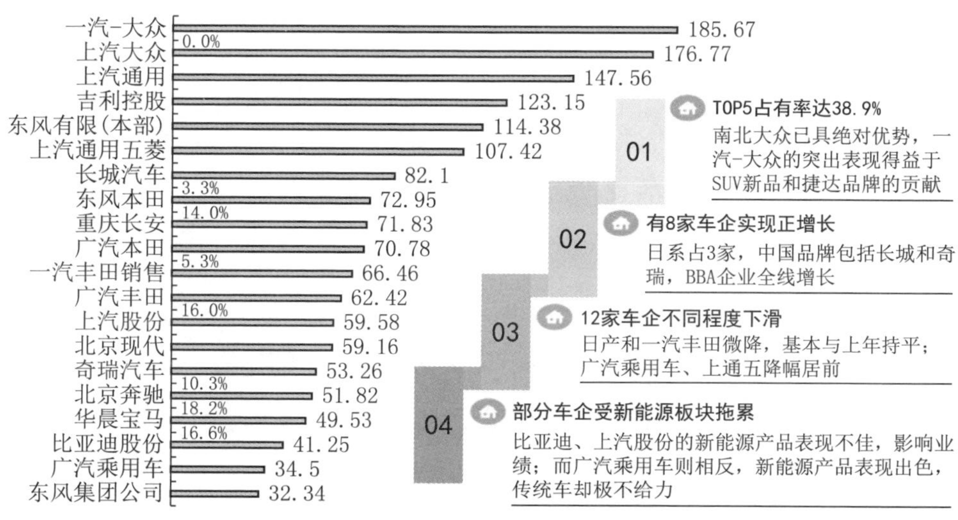

图 3-3 2019 年中国燃油车销售市场及特征

资料来源：长三角产业创新资源标识图。

长期来看，随着长三角一体化加深和世界级产业集群的逐步形成完善，长三角地区产业将形成基于各地比较优势的产业链水平分工和以企业市场化战略为主导的价值链垂直分工体系。

第二节 长三角协同创新产业体系建设基础条件

长三角是我国经济发展水平最高、产业发展基础最好、产业门类最齐全、制造业体系发展最完备的地区，也是我国科技创新资源和成果高度集聚的地区。近年来，长三角协同创新产业体系建设取得显著成效，也面临部分问题，值得我们研究关注。

一、长三角构建协同创新的产业体系新进展新成效

（一）科技和产业发展实力强劲

改革开放40多年来，作为我国重要的先进制造业基地，长三角地区产业规模庞大，产业门类齐全、制造体系完善，工业增加值占全国的1/4以上，规模以上工业企业数量占全国30%。在电子信息、汽车、生物医药、高端装备、新材料、纺织服装等具有很高对外开放度和产业链集聚度的若干产业领域形成相当大的规模。除部分城市缺失烟草、化学纤维、金属制品机械和设备修理业以外，总体上各城市在31个制造业门类中基本上均有分布（见图3-4），形成了较为完善的产业体系。从产业规模排名看，上海、苏州、南京、杭州、宁波等中心城市在大部分产业中的排名均处于前列，上海、江苏制造业产业排名总体靠前，浙江居于其次，安徽总体位居最末。

在《中国城市科技创新发展报告2019》中，长三角城市群以0.648的得分位居榜首，而上海、南京、杭州、苏州、常州、无锡、合肥、宁波、镇江以及芜湖等城市的科技创新发展总分排名进入长三角前十。2018年，在

行业类型＼城市	上海	南京	无锡	常州	苏州	南通	盐城	扬州	镇江	泰州	杭州	宁波	嘉兴	湖州	绍兴	金华	舟山	台州	合肥	芜湖	马鞍山	铜陵	安庆	滁州	池州	宣城
农副食品加工业	4	18	26	24	6	2	3	12	9	1	14	13	17	19	20	23	7	21	5	11	15	22	10	8	25	16
食品制造业	1	6	12	11	2	9	16	23	19	5	3	13	7	17	21	15	24	22	8	10	4	25	14	18	26	20
酒、饮料和精制茶制造业	2	6	10	24	5	14	11	18	25	7	1	13	19	8	3	23	26	20	9	17	16	21	12	4	22	15
烟草制品业	1	3			9	8					2	4							6	5				7		
纺织业	15	22	5	8	3	2	7	14	17	11	6	12	4	9	1	10	26	18	16	19	24	23	13	21	25	20
纺织服装、服饰业	7	12	1	10	5	3	8	15	17	14	11	2	6	16	4	13	26	25	20	18	21	19	9	23	22	24
皮革、毛皮、羽毛及其制品和制鞋业	2	18	23	13	11	6	7	3	10	14	4	20	1	19	17	15		5	12	9	22	25	8	16	24	21
木材加工和木、竹、藤、棕、草制品业	7	22	16	4	8	18	11	10	1	13	14	19	3	2	24	15		20	23	5	25	21	6	12	17	9
家具制造业	1	14	16	18	7	11	21	23	25	12	4	6	3	2	10	9	26	8	5	15	19	22	13	17	24	20
造纸和纸制品业	4	19	10	18	1	14	7	8	5	21	2	6	3	15	9	11	26	16	17	20	13	25	12	22	24	23
印刷和记录媒介复制业	2	6	3	13	1	12	19	14	15	21	5	4	8	20	9	17	26	16	7	11	23	24	10	18	25	22
文教、工美、体育和娱乐用品制造业	2	13	17	8	5	1	11	6	18	10	7	3	15	12	4	9	26	16	19	20	23	24	21	14	25	22
石油加工、炼焦和核燃料加工业	2	3	7	12	6	14	13	15	8	4	17	1	10	18	24	21	19	26	16	22	9	11	5	20	23	25
化学原料和化学制品制造业	1	3	10	6	2	5	9	12	7	8	11	4	13	16	14	20	26	22	15	19	24	23	21	17	25	18
医药制造业	2	10	8	11	5	4	6	12	18	1	3	16	22	19	9	13	25	7	17	15	20	26	14	23	24	21
化学纤维制造业	15	16	5	12	1	6	9	8	19	14	4	10	2	7	3	13	17	23	11	22			20	18		21
橡胶和塑料制品业	1	21	5	14	2	12	15	16	22	8	3	4	9	20	13	18	26	6	7	17	23	24	10	19	25	11
非金属矿物制品业	1	13	12	4	2	3	6	15	9	17	5	16	7	10	18	22	26	25	11	8	21	23	19	14	24	20
黑色金属冶炼和压延加工业	3	6	4	2	1	14	13	7	15	8	16	10	12	17	18	19	26	23	11	9	5	20	25	24	21	22
有色金属冶炼和压延加工业	5	11	2	10	3	15	9	14	12	17	7	4	21	20	6	13		18	25	8	22	1	23	24	19	16
金属制品业	2	20	4	8	3	5	14	11	12	1	7	6	13	19	16	9	26	17	10	15	21	25	23	18	24	22
通用设备制造业	1	16	4	10	2	3	8	14	19	5	6	7	13	17	9	21	25	12	11	15	18	26	20	22	24	23
专用设备制造业	1	11	5	6	2	4	9	7	15	3	14	8	16	19	12	22	24	13	10	17	21	26	20	18	25	23
汽车制造业	1	4	7	12	3	16	11	5	15	14	9	2	17	22	19	13	25	10	8	6	21	24	20	18	26	23
铁路、船舶、航空航天和其他运输设备制造业	2	9	7	4	6	5	17	10	3	1	15	12	22	21	18	13	8	11	16	14	24	20	25	19	23	26
电气机械和器材制造业	3	13	5	4	1	2	17	8	12	10	11	6	15	16	18	21	26	19	7	9	22	20	24	14	25	23
计算机、通信和其他电子设备制造业	2	5	3	9	1	7	16	13	11	10	4	8	12	20	19	17	26	18	6	14	23	22	24	15	25	21
仪器仪表制造业	3	6	11	10	2	1	12	4	5	7	8	9	15	21	19	18	22	14	16	13	23	25	26	17	20	24
其他制造业	2	20	15	25	14	17	19	1	11	13	8	4	12	9	7	5		6	10	18	21	23	3	24	16	22
废弃资源综合利用业	6	20	18	4	8	19	11	14	12	16	3	7	13	10	22			1	17	15	2	5	21	23	24	9
金属制品、机械和设备修理业	1	13	9		10	6	5					4			12		2	11	8	3			7			

注：矩阵灰度越深表示产业排名越高，灰度越浅表示产业规模排名越低，白色表示该城市无该类产业，数字表示产业规模排名。

图 3-4　长三角城市群各产业规模排名网络矩阵

资料来源：“十四五”期间长三角一体化发展的阶段性目标、思路和重点举措研究。

长三角不到全国 1/26 的国土面积上，集聚了全国 4 个综合性国家科学中心中的 2 个，已建和在建的国家重大科技基础设施 21 个（上海 14 个、安徽 4 个、江苏 2 个、浙江 1 个），完成了全国约 1/6 的技术市场成交额，负担了全国约 1/5 的科学技术项目财政支出和 R&D 经费支出，集聚了将近 1/4 的 R&D 人员，并拥有近 1/3 专利申请授权数。

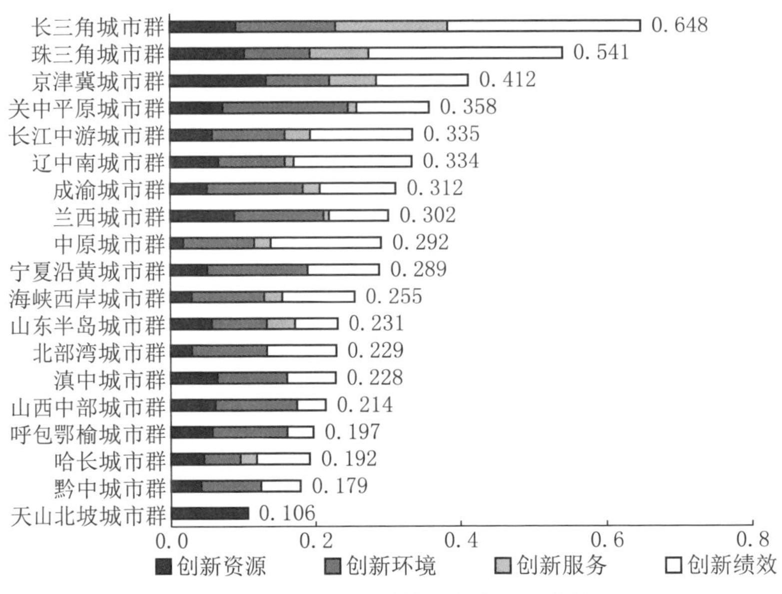

图 3-5 我国城市群科技创新发展评估情况

资料来源：中国城市科技创新发展报告（2019）。

表 3-2 2018 年长三角创新活动相关数据

（地区）/（指标）	科学技术项目财政支出（亿元）	国内专利申请授权数（项）	技术市场成交额（亿元）	R&D 人员全时当量（人年）	R&D 经费（万元）
上海	426.37	92460	1225.19	88016	5548768.1
江苏	507.31	306996	991.45	455530	20245195.4
浙江	379.66	284621	590.66	394147	11473921.2
安徽	294.81	79747	321.31	106744	4973027.4
长三角	1608.15	763824	3128.61	1044437	42240912.1
全国	8326.65	2447460	17697.42	4381400	196779300
长三角占全国比重	0.193	0.312	0.177	0.238	0.215

资料来源：2018 年中国统计年鉴及各省统计年鉴。

（二）区域创新共同体建设步伐加快

1. 区域自主创新基础更加坚实

长三角地区紧抓大科学计划、大科学装置和大科研机构，不断强化重大科研任务布局，联手厚植有利于自主创新能力提升的土壤。例如上海在全基因组蛋白标签、灵长类全脑介观神经联接图谱等领域参与和发起国际大科学计划，江苏省正推进数字地球国际大科学计划。上海、安徽合肥两大国家科学中心深化合作，区域重大科技基础设施集群化发展态势愈加明显。上海脑科学与类脑研究中心、中科院苏州纳米所、中科院宁波材料所、中科院合肥物质科学研究院等高水平研发机构合作建设。

2. 科技成果跨区域转移转化工作取得明显成效

三省一市充分发挥市场和政府作用，充分依托各类主体和平台，打通原始创新向现实生产力转化通道，协同推进科技成果跨区域转移转化。上海微技术工业研究院、江苏产业技术研究院、阿里达摩院、中科院合肥技术创新工程院等新型技术研发转化主体不断涌现。国家技术转移东部中心已建成12 家分中心，上海闵行、浙江、苏南、宁波等国家科技成果转移转化示范区协同联动机制正式建立，市场互联进一步增强。长三角国家技术创新中心已获科技部审批，即将全面加快建设。

3. 科技创新资源共享共用不断深化

长三角地区积极促进要素自由流动与高效配置，加快科技资源合理流动与开放共享，已基本形成长三角开放型创新网络框架。三省一市聚焦区域民生保障、公共安全、智慧城市等公共领域共性关键技术需求，共实施立项备案联合攻关项目 106 项，联合攻关力度明显加大。“长三角科技资源共享服务平台”2019 年 4 月 26 日正式开通运行，有效推动了科技资源与服务的跨区域共享，不断完善科普资源开放共享机制。

4. 形成更有效支撑的协同创新环境

三省一市瞄准世界科技前沿和产业制高点，共建多主体参与多层次共进的创新大平台，在营造具有场效应的创新创业环境方面取得良好成效。2018 年，三省一市 25 家国家级双创示范基地成立长三角双创示范基地联盟。2019 年，首张双创券促成了科技服务订单，有序推进产业创新大平台建设。组织长三角国际创新挑战赛等区域性创新创业活动，丰富了创新合作的品牌活动。三省一市孵化协会、科技情报院所等社会主体加快形成创新社群。同时，科技部牵头编制《长三角科技创新共同体建设发展规划》《长三角 G60 科创走廊建设方案》，强化科技创新的顶层设计。

（三）区域产业链融合发展态势趋深

1. 龙头企业加快区域布局

依托长三角制造业基础雄厚、战略性新兴产业集聚优势，民用航空、汽车、集成电路、新型显示、生物医药、人工智能等领域龙头企业加快区域布局，一批重大产业项目落地见效，延伸产业链、创新链资源配置。如围绕中国商飞、中航商发，镇江、常州发展航空制造配套产业，南通、嘉兴发展交付试飞、维修、训练、展览等项目。又如国产特斯拉 Model 3，2020 年零部件本地化率从 30% 提高到 100%，供应商主要来自长三角地区。再如上海集成电路龙头企业中芯、华虹、格科微等在绍兴、宁波、无锡、嘉善等地开展重大项目建设，阿里集团平头哥在沪设立集成电路研发公司。

2. 新技术新业态发展取得新成果

积极推动互联网新技术与产业融合，共同培育新技术新业态新模式。例如智能网联汽车领域，加快长三角道路测试工作的互认互通，2019 年世界智能网联汽车大会上在全国率先向吉利汽车、中智行汽车颁发首批长三角智能网联汽车道路测试牌照。又如新零售领域，苏宁物流打造由 AGV 机器人无人仓、干线运输无人重卡“行龙一号”、末端配送无人车“卧龙一号”及无人机构成的仓运配全流程无人闭环体系，还建立了可视化数据平台“天眼”平台、自主研发的供应链管理信息系统“乐高”平台、通过对全局和各环节作业数据进行杂音消除和结构化处理并建立模型的“神谕”平台以及物流智能设备集成方案“指南针”等物流解决方案。

3. 产业合作创新加快推进

充分发挥长三角创新资源和重大产业化平台作用，连接“产学研资用”，打造产业创新共同体。创新平台方面，成立国家集成电路创新中心、国家智能传感器创新中心（首期发起方1/3为苏浙皖企业），聚焦关键技术及器件结构、工艺连通等协同研发突破。设立长三角协同优势产业基金、“G60科创走廊人工智能产业基金”等，优化产业生态。

4. 共抗疫情深化产业互助合作

新冠肺炎疫情暴发后，充分发挥长三角区域合作机制作用，长三角重要防疫物质互济互帮工作机制，协调产业链上下游的保供、复工、复产，构建重点企业生产物资保障机制。建立了区域间上下游企业产业链保供协调互助机制，协同推进重要防疫物资互助互济工作。协同解决重点企业用工需求，如协调支持玉川卫生用品、精发实业等4家重点企业共136名骨干员工征召回沪，有力保障了防疫物资的生产。

（四）跨行政区域共建共享提质加速

1. 长三角G60科创走廊迈入3.0升级版

建立科创走廊联席会议制度，实现九地市集中办公实体化运作，推进九城市30个涉企事项“一网通办”。建立“1+7+N”产业联盟体系，集聚九城市头部企业1280家，推动先进制造业产业集群高质量发展。与上交所共建上海市场服务G60科创走廊基地，上证G60创新综合指数和战略新兴产业成份指数上线且走势良好。

2. 跨省市城镇融合发展取得突破

嘉定—昆山—太仓三方成立长三角创新服务贸易共同体，枫泾—嘉善两地携手推进产业发展、旅游开发、社会治理、交通网络和生态保护五个一体化，形成了“毗邻共识”。顶山—汉河签署了跨界一体化发展示范区共建框架协议，共同开展国土空间规划研究。

3. 省际产业合作园区共建共享不断深化

聚焦重点毗邻区、重点园区、重点廊圈带、重点飞地等载体建设，建设张江长三角科技城，上海自贸区嘉善项目协作区、中新嘉善现代产业园等，加快推动苏皖合作示范区、皖江承接产业转移示范区等载体建设，促进产业资源跨区域流动。

二、长三角构建协同创新的产业体系面临的问题

（一）关键设备和零部件国产化率不高，核心关键技术面临“卡脖子”

以集成电路产业为例。对标国内外行业，长三角龙头企业能级还有较大差距。同样是以逻辑芯片和模拟芯片为主导的长三角集成电路设计龙头企业紫光展锐，2018 年营收为 15.71 亿美元，位居我国第二，但营收能力刚过海思半导体的 1/5，仅为全球 TOP3 博通、高通和英伟达的 1/14、1/10 和 1/7。尽管长三角集成电路产业配套能力高，但关键材料和设备的自给率仍然不足。

材料方面，基体材料中硅圆和硅基材方面，长三角（国内市场）主要生产 6 吋以下为主，8 吋、12 吋依赖进口，化合物半导体的国产化率仍不足 20%；制造材料中，湿电子化学品、电子特气、光刻胶等材料国产化率低于 20%，抛光材料低于 10%，溅射靶材完全依赖进口。如通讯芯片，已形成紫光展锐设计、台积电制造、长电科技封测的完整链条，但 IC 制造由台积电（台湾工厂），IC 晶圆材料由日本的信越化工供货，国内企业在生产工艺和材料性能等方面暂时还不能满足要求。

设备方面，例如 12 种核心设备中，晶圆划片机等 5 种设备国产化率不足 20%，镀膜设备 PVD、CVD 的国产化率仅 10%—15%，高精度光刻机等 4 种设备国产化率不足 10%，刻蚀机国产化率仅 6%。又如存储芯片，兆易创新负责 IC 设计，合肥长鑫进行 IC 制造，长电科技进行 IC 封测，但是 IC 制造、IC 封测企业所用的高端 IC 设备大都被美国企业垄断，所用的高端 IC 材料大都被日本企业垄断。

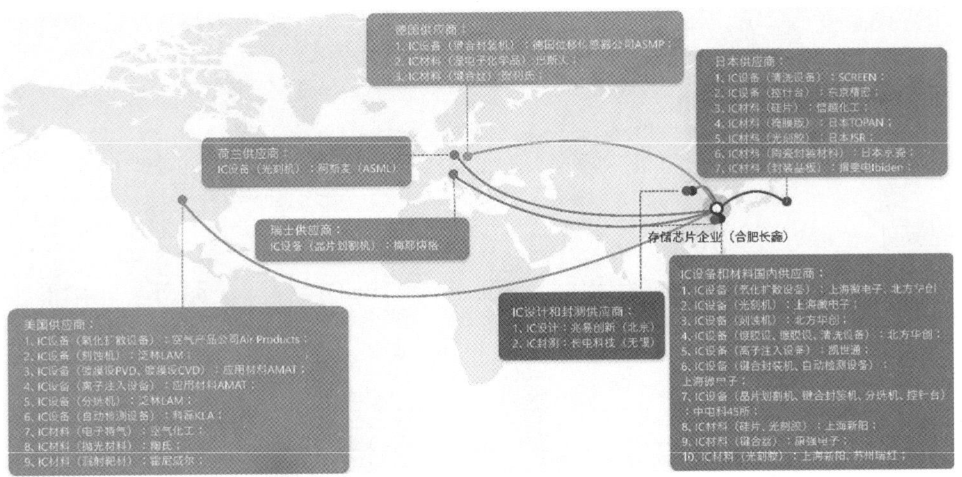

图 3-6　存储芯片企业（合肥长鑫）产业链

资料来源：长三角产业创新资源标识图。

（二）不当行政干预扭曲要素市场配置效率

部分地区盲目上马热门产业造成投资过热。例如，2010 年前后长三角掀起一波“光伏热潮”，一些地方竞相上马可再生能源示范基地、太阳能科技产业园、太阳能电池生产基地等，政府投资及资源也参与其中，造成光伏产业产能严重过剩，浪费政府投资。

部分地方政府不顾产业集聚规律和自身能力，盲目引进新型产业导致投资失败。例如某市政府参与的半导体项目，计划总投资 150 亿元（市政府出资 70%、公司出资 30%），生产 CMOS 传感器产品。由于该项目高度依赖海外技术输入（引进海外技术团队和海外技术授权），项目团队本身不具备技术研发能力，当地政府先后投入了 46 亿元，后续资金无以为继，导致项目停滞、国资损失。

部分地方政府受不正确政绩观驱使，通过加大补贴力度开展招商引资，导致一定程度互挖墙脚的恶性竞争现象。例如，部分地方为了争取大项目，承诺地方出资总投资的 50%，而且资金先于社会投资方到位。又如，部分地方通过财政奖励手段和允诺薪酬翻倍等方式，从其他地方拉项目、整建制挖团队等。

（三）企业面临商务成本不断攀升的竞争压力

长三角作为东部先发地区，空间资源紧张、土地价格高企，一定程度上提高了企业的商务成本。

从工业用地平均出让价格看，2010—2018 年以来，上海市工业用地价格一路飙升，增长 3.5 倍，高达 106 万元 / 亩，浙江也增长了 1.5 倍，达到 32 万元 / 亩，江苏、安徽基本稳定在 20 万元 / 亩和 12 万元 / 亩。

从住宅价格看，杭州、南京、温州、苏州等二线城市土地竞争拍卖激烈，城市土地溢价率较高。高地价带来高房价，上海、杭州、南京等城市房价依然成为新常住人口的一道门槛。高商务成本使得企业产品竞争优势下降，导致企业、人才和资本外迁，影响长三角产业整体竞争力。

此外，虽然近年来国家积极推动金融机构向实体经济让利，受当前经济下行压力加大、整体信贷需求萎靡等背景下，银行风险偏好转移，纷纷加大对大中企业信贷投放，银行降息对大型企业的利润贡献提升 20%—30%。但因银行信贷投放风险偏好，以及中小微企业信息不对称等问题，金融“马太效应”范围不断扩大，中小微企业融资成本仍旧较高，经营压力仍然较大。

第三节 长三角建设协同创新的产业体系总体思路和对策

长三角协同创新体系建设要走好“科技 + 产业”道路，促进创新链和产业链深度融合。以科技创新为引领，打造产业升级和实体经济发展高地，不断提升在全球价值链中的位势，为高质量发展注入强劲动力。

一、建设有全球影响力的产业链体系和创新链体系

按照习近平总书记“8・20”讲话要求，率先探索关键核心技术攻关新

型举国体制，集合科技力量，聚焦集成电路、生物医药、人工智能等重点领域和关键环节，尽早取得突破。

要以中心城市为核心，深化三省一市分工合作，形成合作创新的分工体系。具体而言，一是在各中心城市，特别是上海全球科创中心的引领下，开放、共享各大平台的大科学装置、大型仪器设备，共建共享各类科技创新公共服务平台，如大型科学仪器设备共享平台、技术交易市场、技术转移服务平台、产业创新中心等。二是发挥各自优势合作共建高水平研究机构，如合肥的量子通信、新能源，与上海共建新型研究院，充分发挥上海的人才、资金与综合配套优势。三是各大平台机构与各个产业集聚地共建高水平技术创新中心，如科学院系统、各重点大学在各地都已布局了一批研究院、研究中心，将在科技创新成果的中试、孵化上产生积极效应。

聚焦重点产业领域强化分工合作。具体而言，一是发挥各地比较优势形成更有竞争力的产业链空间分工。利用中小城市突出的商务成本优势，以及一体化的立体交通建设和公共服务一网通等优化区位条件，促进中心城市疏解部分产业，支持中小城市承接产业转移，提供积极的推动力。二是在产业链与创新链趋于空间分离的趋势下，构建两者深度融合的区域合作体系。推动产业链向中小城市转移，创新链向中心城市集聚，共建创新共同，把中心城市的人才、平台和综合配套优势，与本企业的成果中试、转化优势有机结合起来，构建起产业链与创新链深度融合的区域一体化模式。

二、加大联合攻关力度，形成更高水平科技供给

（一）聚焦战略需求，实施重大平台共建

加快建设长三角国家技术创新中心，共同争取国家级平台优先布局，推进优势力量和资源协同，共建共享国家实验室等战略科技力量。提升长三角科技资源共享服务平台功能，加快重大科研基础设施、大型科研仪器、科技文献、科学数据开放共享。开展长三角科技创新券通用通兑试点，创新路

径，求同存异，兼顾各地科技创新券平台差异化，打通科技创新与成果转化服务资源，实现科技创新券跨区域使用。

（二）加强统筹协调，共建技术转移体系

加快培育科技型中小企业和创新型企业，深化科研院所改革，推动企业、高校和科研机构加强产学研合作。发挥国家技术转移东部中心等成果转化平台功能，强化四个技术市场协同，加速全球创新成果汇聚和落地。加快科技成果、企业需求、专家、技术经纪人队伍等资源共享，共同推动区域内技术转移人才培养、交流和互动。进一步发挥长三角一体化（网上）创新成果展、长三角科技成果联合竞价（拍卖）会平台作用。

（三）围绕共性技术，加大科技攻关力度

主动发起和联合承担若干个国家重大科技项目。加强三省一市科技计划的协调联动，建立统一的科技计划管理信息平台。集合科技力量，聚焦集成电路、生物医药、人工智能等重点领域和关键环节，推行科技攻关“揭榜挂帅”制度，联合攻关一批关键领域“卡脖子”技术，形成一批填补国内外空白的重大技术突破和创新成果。依托长三角国际创新挑战赛平台挖掘的共性技术需求，开展联合攻关与示范应用。

（四）加快转移转化，深化创新成果应用

加快长三角国家技术创新中心建设，打通重大基础研究成果产业化的关键环节，构建风险共担、收益共享、多元主体的协同创新共同体。继续推进开放共享的线上技术转移服务平台建设。依托长三角国际创新挑战赛，建立科技成果转移转化服务体系和科技成果交易中心。加快培育一批以市场为导向的新型研发机构。发挥长三角双创示范基地联盟作用，联合共建国家级科技成果孵化基地和双创示范基地。

（五）推动开放融合，优化创新生态环境

系统推进长三角区域全面创新改革。健全政府投入为主、社会多渠道投入机制，加大对基础前沿研究支持。共同设立长三角科技创新券。共同建设长三角区域科创金融改革试验区，构建有利于科技创新和高端产业孵化扩增的金融体系。共同培育、吸引具有国际竞争力和全球影响力的创业投资机构。健全以创新能力、质量、实效、贡献为导向的科技人才评价体系，激发人才创新活力。

三、提升产业链供应链协同水平，共建世界级产业集群

（一）强化区域产业规划统筹协同

在工信部《长三角制造业协同发展规划》指导下，重点围绕高端制造和创新产业，联合三省从协同创新、制造模式、基础设施、品牌质量、开放合作、治理体系等方面协同发力，研究深化区域产业链补链固链强链机制，促进区域产业优势互补、紧密协作、联动发展，共同培育和打造先进制造业集群和产业高地。

（二）开展产业链补链固链强链行动

着力提高产业链供应链稳定性和竞争力，支持和鼓励区域内上下游产业链对接合作，以企业为主体，更好发挥区域内龙头企业作用，围绕产业链加强大中小企业协作。加强政府层面支持引导，强化首台套政策协同，建立自主可控产业链和供应链，支持国产“备胎”应用，加快国产替代。扩大长三角地区相互间的投资和股权合作，不断提升长三角产业融合度，推动形成自主可控的现代产业体系。

（三）加强重点产业关键环节技术创新协同

依托三省一市制造业创新中心、技术创新中心、产业技术研究院等平台载体，以企业需求为导向组织开展针对性的技术攻关，共同建设技术创新中心。聚焦需求紧迫的产业链核心技术，共同梳理形成长三角范围内重点产业链布局图和技术攻关清单，联合推进核心技术攻关，强化关键环节、关键领域、关键产品的保障能力。

四、发挥市场在资源配置中的决定性作用，强化政府服务

（一）推动市场要素自由顺畅流动

加强协同联动，着力消除各类市场封锁和地方保护主义壁垒。落实市场准入负面清单制度，聚焦标准、资质互认等重点环节，统一市场准入条件和流程，统一企业经营许可、各类资质认定，执行统一规范的行政许可审批事项目录。实施长三角政务服务跨省通办工程，统一长三角地区市场主体的登记标准、办理流程和办理模式。加强制度创新，着力推动标准规则协调统一。建立统一的行政执法标准规则，规范跨地区执法办案的协助和支持标准，加强区域间违法证据互认和处罚决定互认。建立统一的区域技术标准规则，加快推动区域标准体系的整合融合。

（二）加强政府合理引导

推动三省一市产业发展的融资政策、用地政策、税收政策、人才政策协同，形成面上完全覆盖、点上相互衔接、链上梯度推进的政策体系。加强产业投资预评价指标体系等工具研究，力求为地方政府决策产业项目提供信息服务。依托长三角开发区联盟和上海临港、苏州中新集团等品牌开发主体，探索建立跨区域园区产业链合作和利益分享机制，通过市场化方式引导产业分工协作。

（三）切实帮助企业降低成本

依托政策性银行，如国开行、进出口银行等，加强对产业金融支持，研究金融机构支持产业“白名单”。特别要创新针对中小微企业的融资信贷产品，大力发展政府性融资担保机构，降低企业融资成本。研究企业社保减免标准，加大人才公寓、单位租赁房等配套建设，降低企业经营成本和用工成本。同时，三省一市要加快转变政府职能，进一步简政放权、正税清费，最大程度地降低企业制度性交易成本。

五、联合打造等高能级载体

（一）强化推进产业合作平台建设

发挥各地比较优势，持续推进张江长三角科技城、皖北承接产业转移集聚区、皖江承接产业转移示范区、中新嘉善现代产业园、中新苏滁现代产业园，以及宁滁、宁马产业合作示范区等一批合作平台建设，进一步提升产业合作的规模和水平，共同研究编制长三角产业合作区、前湾沪浙合作发展区等新平台建设方案，打造新时期长三角产业一体化发展新样本。

（二）充分发挥区域创新合作平台功能

以上海为中心，沿海岸线向北、向南展开，分别打造北至南通、盐城、连云港的沪通港沿海创新发展翼和南至宁波、绍兴、舟山、台州、温州的沪甬温沿海创新发展翼。发挥G60科创走廊九城市的创新资源集聚优势，先行先试一批重大创新政策，协同布局一批科技创新重大项目和研发平台，促进科技资源开放共享和科技成果转移转化。充分发挥上海张江、苏南、杭州、宁波温州和合芜蚌等国家自主创新示范区集群在重大创新政策先行先试、创新型产业集群发展方面的示范带动效应，依托国家高新技术产业开发区，推动科技、产业、金融、人才等各方面创新要素汇聚融合、体系化发展，共同打造长三角高质量发展主引擎。

第四节　构建长三角技术交易市场

科技交易是科技成果由“纸”变成“钱”中不可或缺的关键环节。科技交易市场是让科技成果与经济发展有效需求紧密匹配，让“创新链”与“产业链”加速对接的重要平台载体。未来要通过构建一体化的长三角科技交易市场，充分发挥市场和政府作用，打通原始创新向现实生产力转化通道，推动科技成果跨区域转化，不断扩大链接服务功能，共同打造长三角科技成果转化生态体系。

一、国内外技术交易市场经验借鉴

（一）美国国家技术转移中心（NTTC）

美国的国家技术转移中心（NTTC）为非营利性的独立机构，于 1989 年国会同意拨款成立，成为国家技术交易市场平台，提供整合性技术交易信息网站及专业咨询服务。其功能包括：整合性技术交易信息平台，负责维护超过 700 个联邦实验室与 100 所大学每年所产生的 10 万个、价值 7000 多万美元的研发成果资料。提供技术交易专业服务，包括专业咨询、技术交易事项辅导（包括技术授权辅导、技术评估、技术评价等）、技术商业化辅导（包括产品设计辅导、原型试验、生产制造等）以及教育培训，搭建全美技术交易网络等。

（二）欧洲创新转移中心（IRC）

欧洲创新转移中心（IRC）是在 1995 年由欧盟创新计划资助下成立的，其目的在于促进欧洲地区的研发机构与中小企业间的技术转移，是一个泛欧洲的技术交易市场平台。IRCs 总部设于卢森堡，利用遍布 30 个国家、68 个地区、超过 250 家技术创新中心的地理便利性，提供一对一的技术交易服务。而同时通过网络工作平台的建设，提供跨国际的即时技术交易服务，对欧洲区域间的技术转移成效颇大。

（三）中国技术交易所

2008 年经国务院批准，由科技部、国家知识产权局、中国科学院和北京市人民政府联合在北京中关村成立，目标定位是立足北京、服务全国，建设具有国际影响力的技术交易中心市场。已形成“技术交易的互联网平台”、“科技金融的创新服务平台”和“科技政策的市场化操作平台”三个服务模块。被认定为“国家技术转移示范机构”、“国家专利技术（北京）展示交易中心”、“军民融合技术进场交易试点工作”试点单位。业务体系分布广泛，在广东、福建、江苏等多地设立工作站，与世界知识产权组织（WIPO）、新加坡技术交易所等多家境外机构也建立合作伙伴关系。截至2018年底，累计挂牌各类技术产权转让项目成交额达1740亿元。

二、长三角科技交易市场的发展目标和功能定位

（一）发展目标

通过建立长三角技术交易所，在长三角范围内构建统一的技术交易平台、统一的技术交易标准、统一的科技服务体系，打造创新要素自由流动的区域技术转移市场，发挥科技服务、资源集聚和创新实验的作用。加强双边和多边合作，提高区域内各类技术资源的整合效率，促进以技术为纽带的跨地区资本流动。弥补技术大市场、技术交易服务平台等载体的功能缺失。降低交易成本，按照公开、公平、公正原则，推动技术市场健康发展。

（二）主要功能

1. 交易平台功能

为技术交易提供平台是交易所的核心功能。通过交易平台，实现降低风险、价格发现、交易组织等具体功能。

2. 科技服务功能

为了确保交易平台的公正性，交易所本身不从事与交易直接相关的服务业务，而是通过在平台上集聚的大量专业服务机构提供科技服务。具体功能包括专业服务、交易融资、成果展示、国际网络、企业需求挖掘等。

三、长三角科技交易市场的发展路径

（一）三省一市共同建设长三角科技交易市场

由三省一市技术交易市场共同发起，各地政府、科研机构、高校、科技服务平台等共同组成理事会，建立政府出资、市场化运营的长三角技术交易市场。面向长三角，拓展现有各交易市场的功能，发挥科技成果供需对接撮

合的功能。通过政策引导而非强制性进场的方式，鼓励长三角范围的技术交易进入交易所平台进行交易。与现有的地方性平台、长三角外的平台进行合作，推广交易规则和标准。建议交易所选址在长三角一体化示范区，采取线上＋线下的运营方式。

（二）支持长三角技术交易所制度创新

探索建立长三角范围内可交易技术登记制度，通过建立、完善技术登记制度，充分发挥技术成果大数据在促进科技成果转移转化中的基础支撑作用。登记信息采集内容为后续技术交易标的的交割登记做好铺垫。增强长三角技术交易所交易鉴证单公信力，为便利营商服务环境，建议确定长三角技术交易所所出具的交易鉴证单为权属确认的指定文件类型之一，可成为科创板、财政、税务等部门对于技术交易、技术服务的判定依据参考。

（三）创造以市场为主导的产学研多元化发展体制

以市场为导向，依托科技交易市场，推动长三角范围内产学研对接。首先，要建立产学研合作多元化的区域投融资机制，鼓励风险投资发展，建立区域产学研投资基金，形成“市场为导向、企业投入为主体、金融借贷为支撑、社会投资为补充”的多层次、多渠道的资金投入体系，特别要充分发挥风险投资和投资基金作为产学研合作中的催化作用，在解决对资源需求的同时降低经营活动的不确定性。其次，要建立科研资源的流动机制，使科研资源能够以更低的成本合理地流动，特别是鼓励科研人才的流动，人才的流动有助于形成社会关系网络，有助于信息和技术的传播，促进创新。再次，成立统一的管理部门，实行相同的规则和政策，统一运行机制。最后，还需要完善区域创新网络和国家创新体系，并确立产学研合作在区域创新体系和国家创新体系中的核心地位。

（四）发挥长三角技术交易所一站式平台功能，鼓励进场交易

发挥长三角技术交易所一站式平台功能，为所内技术交易提供绿色通道。其一，作为国有技术交易平台，为科研机构和人员提供对应技术成果进场交易的流程规范与平台场所。其二，作为国际技术交易平台，在国际技术交易便捷化上力求突破探索，列入政策享受范围；其三，就技术交易的各项优惠政策提供一站式服务，新设流程程序、税收等方面的政策试点，包括但不限于免税收、程序简化、税率降低等方式。

（五）以科技交易市场为平台发展国际技术交易

加强科技交易市场与中以（上海）创新园等国际合作载体的联系，建立战略合作机制。依托科技交易市场，与海外高校、研发机构建立了战略合作关系，在海外设立交易分中心和孵化器等，通过嫁接全球创新网络，探索利用全球创新资源解决国内企业技术问题的开放合作新模式。

第五节　长三角集成电路、生物医药、人工智能三大产业集群建设进展

集成电路、生物医药、人工智能等三大产业是总书记“8・20”讲话中提出的需要长三角聚焦研究的重点领域和关键环节。目前，长三角在三大产业发展中已打下了一定基础，下一步还需要加强合作创新。

一、长三角集成电路产业集群

（一）长三角集成电路产业发展现状

长三角集成电路产业总规模占全国的比重约 50%。其中，长三角集成电路设计产业占全国的 32.6%，晶圆制造占全国的 53.4%，集成电路封测占全国比重超过 60.0%。中国 2019 年集成电路产量约为 2018 亿块，其中，江苏省的产量为 516 亿块，排名第一；上海市的产量为 208 亿块，排名第四；浙江省的产量为 143 亿块，排名第六；安徽省的产量为 60 亿块，排名第八。

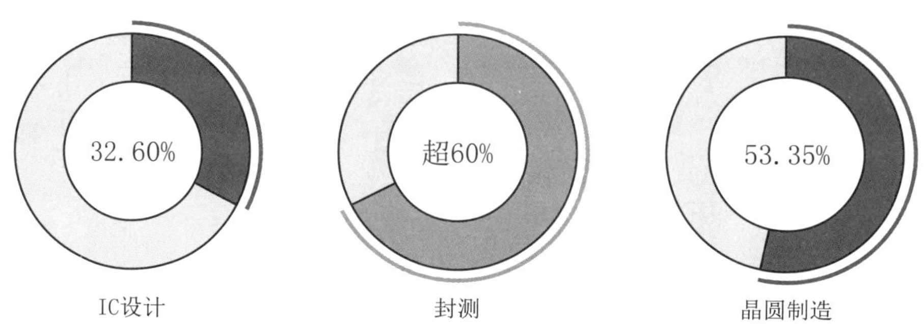

图 3-7 2018 年长三角集成电路产业规模占全国比重

资料来源：长三角产业创新资源标识图。

（二）长三角集成电路产业链发展情况

集成电路产业链主要包括 IC 设计、IC 制造、IC 封测、IC 材料、IC 设备等五个环节。

集成电路设计产业空间分布形成“一带四极”分布特征。“一带”是指“上海—苏州—无锡—常州”形成的南沿江产业集聚带。“四极”是指南京、杭州、合肥和宁波四个产业集聚的主要城市。目前，共有集成电路设计龙头企业 63 家。

集成电路制造产业空间分布形成“一带一极多点”分布特征。“一带”是指“上海—苏州—无锡—常州”形成的南沿江产业集聚带。“一极”是指产业集聚规模较大的南京。“多点”是杭州、宁波、合肥等具有一定产业集聚度的城市。目前，共有龙头企业 32 家。

集成电路封测产业主要集聚在上海和苏州、无锡三个城市，形成集成电路封测产业集聚带。目前，共有龙头企业 47 家。集成电路材料龙头企业 31 家，主要分布在上海和衢州。集成电路设备龙头企业 22 家，接近七成聚集于上海。

（三）下一步推进长三角集成电路产业集群发展方向

1. 增强集成电路产业自主创新能力

努力打造完备产业生态，加快建设张江实验室，加强前瞻性、颠覆性技术研发布局，构建上海集成电路研发中心等为主要支撑的创新平台体系。围绕国家重大生产力布局，推动先进工艺、特色工艺产线等重大项目加快建设尽早达产，加快高端芯片设计、关键器件、核心装备材料、EDA 设计工具等产业链关键环节攻关突破。

2. 加强长三角产业链协作

逐步形成综合性集成电路产业集群，带动全国集成电路产业加快发展。超前布局第三代半导体、类脑芯片等未来产业，壮大集成电路基础产业，聚焦产业链全链条，防范产业链、供应链风险，全方位推进产业基础再造和产业链提升，基本形成具有世界级影响力的集成电路产业集群。

二、长三角生物医药产业集群

（一）长三角生物医药产业总体布局

我国生物医药产业已经形成了以长三角、环渤海、珠三角为核心的生物医药产业聚集区，长三角生物医药产业处于国内领先地位，全国近 30% 的药品销售额、33% 的生物医药产业园区来自长三角地区，中国医药工业百强榜中长三角企业将近三成。

长三角拥有上海、苏州、杭州、南京、泰州、连云港等多个生物医药重点城市，根据产业创新策源能力、龙头企业集聚程度、生产制造规模以及在国内外的影响力等因素综合评价，长三角内部城市生物医药产业呈现三个梯度分工格局。

第一梯队。上海是长三角乃至全国生物医药的研发中心与 CRO（医药研发合同外包服务机构）集聚区，也是跨国制药企业在华总部和研发中心的首选。

第二梯队。近年来，苏州、杭州、南京、连云港、泰州等城市日益重视生物医药产业，除了进一步强化巩固长三角制药生产基地的地位外，也在创新药研发和高性能医疗器械等方面开始逐步发力。

第三梯队。常州、无锡、台州、绍兴、亳州等一大批中小城市同样在生物医药产业领域快速崛起，成为长三角地区生物医药产业的第三梯队。

（二）发展基础

2018年，上海、江苏、浙江医药制造业产值分别为1176.6亿元、4147亿元、1505.5亿元（规模以上），均达到千亿元级规模，其中江苏规模为全国第一，安徽省也接近千亿元，三省一市生物医药规模以上产值合计超过7000亿元，产值规模高于英国伦敦（营业额为384亿英镑，折合人民币3340亿元）、瑞士（销售额在7000—8000亿元人民币）等世界级生物医药产业集群，显示出长三角在生物医药产业方面拥有雄厚的基础和巨大的发展潜力。同时，长三角地区医药市场规模庞大，国家商务部数据显示，2017年三省一市的药品销售额为5654.52亿元，占全国药品销售额的28.25%，销售额同比增速为7%，高于全国5%的市场规模增速。

市场主体高度集聚。企业和从业人员的高度集聚能够产生集聚效应，为产业注入创新力和活力，国外世界级生物医药产业集群无一不是企业高度集聚之地。根据各省市统计年鉴等公开数据，目前，上海生物医药重点企业有313家，江苏、浙江和安徽规模以上医药制造业企业分别达到681家、430家和480家，三省一市合计近2000家，占全国的25.1%。如果将生物医药相关行业纳入全口径计算，仅安徽医药健康企业总数就达到7.9万家。从企业数量来看已经达到全球四大生物医药集群的规模。长三角生物医药产业同时吸纳了大量的从业人员，仅上海生物医药制造业从业人员数达到9万人左右。

产业园区整体实力强劲。根据前瞻产业研究院数据，我国生物医药产业园区主要集中在长三角、珠三角、环渤海地区，其中以长三角地区数量最多，2017年，33%的生物医药产业园区位于长三角地区。同时，根据中国生物技术发展中心发布的《2019中国生物医药产业园区竞争力评价及分析报告》显示，长三角地区有20个园区位居综合竞争力前50强，其中上海张江高新区、苏州工业区分别位列 2、3 名。2018 年，长三角地区生物医药产业园总产值占全国调研园区总产值的 28.55%，远高于珠三角地区（7.65%）。

（三）下一步建设生物医药产业集群的对策建议

1. 规划“一核两极多点”的产业布局

全球四大生物产业集群在区域布局上，均呈现极核带动周边联动发展的特点。如美国大波士顿地区以波士顿—剑桥为研发核心，旧金山湾区以硅谷为核心增长极。长三角要打造世界级生物医药产业集群，需要在政策、资源要素等方面聚焦重点城市、重要集聚区，发挥“一核两极”的核心引领带动作用，带动整个长三角生物医药产业能级提升，成为具有高度国际竞争力的产业集群。

2. 增强生物医药产业的创新策源能力

针对长三角生物医药新药研发、关键核心技术的短板，借鉴国际四大生物医药产业集群的经验做法，加强重点高校、科研院所生物学科建设，强化创新策源能力，并鼓励长三角地区加强产学研合作。

3. 培育一批竞争优势突出的本土企业

重点扶持恒瑞医药、复星医药、上海医药等国内医药创新龙头企业，加大资金支持、研发费用加计扣除等方面扶持力度。择优扶持高成长性的中小企业。优先采购长三角企业医药产品。

4. 营造更高效优质的产业环境生态

加大财政金融支持力度。统筹三省一市财政专项资金，创新利益分享机制，支持重点药品研发；创新统计及税收分享，探索医药研发成果跨区域产业化。推动上海生物医药研发与转化功能型平台等平台在长三角生物医药重点区域设立分平台，扩大平台辐射范围。共同实施海外高端人才引进计划，在长三角区域探索实施统一的人才服务政策，联合赴海外实施人才招聘，吸引医药领域急需的科技创新、质量管理、国际化运作等产业链稀缺高端人才。

三、长三角人工智能产业集群

（一）长三角机器人产业链

长三角工业机器人产量约占全国半壁江山。长三角地区是我国机器人产业最大的生产基地与需求市场，全球机器人巨头均在长三角特别是上海设有总部或基地，国内龙头企业也纷纷落户长三角，逐步呈现出“上海引领、多级发展”的产业空间布局，形成了机器人本体、系统集成和零部件研发、生产、应用等较为完善的产业链。2019 年，长三角工业机器人产量约 9.4 万台，约占全国总产量的一半；在全国机器人本体销量排名前 20 的企业中，长三角企业占据 16 家。

跨国企业占据我国机器人高端市场。以 ABB、库卡、发那科、安川电机“四大家族”为代表的跨国企业凭借规模和效益优势、先进软硬件研发设计和生产能力，占据了我国超过 70% 的工业机器人市场。国内本土机器人企业生产的核心零部件由于工艺技术水平较差，整体技术实力明显落后于“四大家族”，特别是在汽车、3C（计算机类、通信类和消费类电子产品）等对精密度和稳定性要求较高的领域，大部分市场份额都被“四大家族”占据。例如，应用在高端汽车、芯片、电子领域的六轴多关节机器人，“四大家族”占据了我国超过 90% 的市场。相比较而言，我国本土企业生产的大部分机器人则集中在码垛、上下料以及搬运等中低端应用领域。

（二）产业链薄弱环节分析

1. 减速器

机器人专用减速器是核心零部件中技术壁垒最高的一环，也是成本占比最大的零部件（约占整机成本近 40%）。与通用减速器相比，机器人减速器要求具有传动链短、体积小、功率大、质量轻和易于控制等特点。一般来说，工业机器人的每个关节都需要配备一台减速器。常用的机器人减速器分为 RV 减速器和谐波减速器，日本的那博特斯克和哈默纳科处于全球优势地

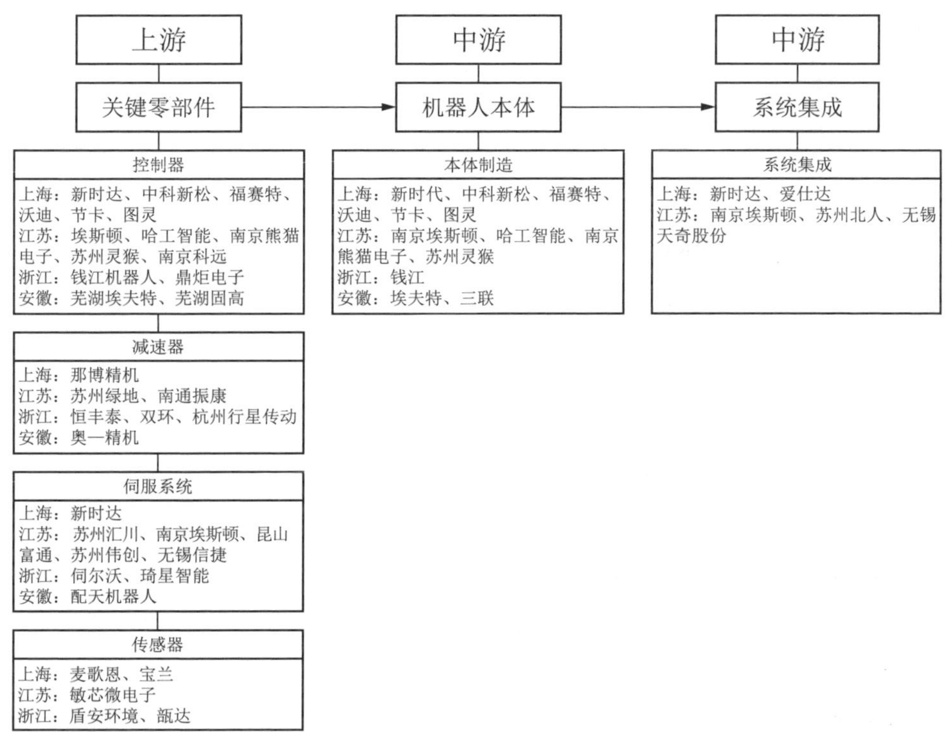

图 3-8　长三角工业机器人产业链图谱

资料来源：长三角产业创新资源标识图。

位，在高端机器人减速器领域占据了 70% 以上的市场份额，分别是 RV 减速器和谐波减速器的行业标准制定者。近年来，长三角地区也涌现了像苏州绿的谐波、南通振康、杭州双环传动等国产品牌企业。但总体看，在产品精密度方面，国产减速器的传动精度一般比日本哈默纳科低 30%—50%；在产品稳定性方面，国产减速器虽然小批量试制的部分技术指标已经达到进口产品水平，但在批量化生产中产品性能还不够稳定。因此，国产减速器大多应用于中低端市场，而精密度要求较高的高端市场只能用进口减速器。

2. 伺服系统

伺服系统由伺服电机和伺服驱动器组成，负责将接收到的控制信息分解为执行命令，控制每个关节的角度、角速度和关节转矩，伺服电机是伺服系统中控制机械元件运转的发动机。一般来说，工业机器人的每个关节都需要配备一个伺服驱动和一个伺服电机。目前，外资品牌凭借产品技术性能优势占据了国内 70% 以上市场份额，日系产品以中小功率为主，可靠性高，性价比高，占据 50% 以上市场份额；欧美系产品过载能力强、动态响应好、功率段覆盖广、价格高、占据最高端市场。近年来，长三角地区涌现出浙江卧龙、苏州汇川、上海新时达等国产品牌，但总体看，国产伺服系统技术性能相对欧美还有差距，表现在产品覆盖功率段较窄，主要应用于中低端。例如：国产伺服电机功率多在 22 kW 以内，响应频率在 200—500 Hz 之间，而国外高性能伺服电机响应频率达 900 Hz。

3. 控制器

控制器主要是按指令信息控制工业机器人的运动。工业机器人控制器包括硬件和软件两部分，硬件部分国产品牌水平与外资品牌较为接近，但软件部分国内外水平差距较大。成熟的机器人厂商一般自行开发控制器，以保证稳定性和维护技术体系，长三角地区上海中科新松、南京埃斯顿、钱江机器人、芜湖埃夫特等本体企业均拥有控制器自主研发能力，但在稳定性、响应速度、易用性等方面与外资品牌仍有差距。主要是插补算法、运动补偿等核心算法差距过大，导致国产品牌机器人的稳定性不佳，设备故障率远高于外资品牌。算法的差距还制约了伺服系统的响应速度，打个比方，机器人每一个动作需要控制器和伺服系统协同“作战”，外资品牌设备已经进化到“将军”通过 4G 信号直接指挥“士兵”，而国产品牌设备还停留在“传令兵”阶段。

（三）下一步建设人工智能产业集群对策建议

1. 加强技术攻关，提升高端部件自主可控能力

支持核心短板部件攻关，支持重点企业围绕精密减速器、高性能伺服驱动系统、大功率伺服电机、高速高性能控制器、机器人模组及传感器、AI 芯片等核心技术加强攻关，提升关键零部件自主可控能力。打通产学研用创

新链条，组建长三角机器人产业创新中心，整合行业资源，走出一条“以应用带装备，以装备带强基”的技术提升道路。建设前瞻性技术联合攻关平台，攻克基础软件、芯片设计和精密加工工艺技术，在智能传感、关节柔顺控制、人机智能交互、环境识别、8 轴机器人等技术方面实现突破。

2. 加强品牌建设，扩大机器人市场应用推广

具体而言，打响高端品牌，甄选目录企业重点扶持培育，鼓励本地企业优先采购目录企业产品。强化上海电科所等功能平台。赋能智能制造，促进国产机器人系统集成应用。挖掘应用场景，拓展服务机器人市场需求。

3. 加强配套保障，完善机器人产业集聚发展生态

建设若干机器人产业集群承载区，打造产业高地。壮大人才队伍，进一步提升人才供给质量，鼓励高校与企业开展人才联合培养，吸引国际机器人先进研发团队与人才落户。加强金融保障，引导社会资本助推产业发展，探索长三角智能制造与机器人产业基金，鼓励金融机构开发相关融资与保险产品。增进区域联动，建立三省一市机器人产业主管部门沟通机制，发展相关产业联盟与合作组织，增进上下游企业交流互访，探索共同组织相关展会及赛事。

第四章

提升交通网络互联互通水平
强化区域一体化支撑保障

本章从梳理长三角地区交通网络相关规划布局情况入手，总结了近年尤其是长三角一体化上升为国家战略以来，公路、铁路、港口、机场、交通运输管理和服务等领域取得的积极成效，并对照上位规划和国家要求，进一步归纳了长三角综合交通网络建设和体制机制协同方面存在的问题，提出了提高长三角交通互联互通水平的重点举措建议和机制建议。此外，本章还针对如何依托城际通道提升区域一体化发展能级开展了专题研究。

第一节　长三角交通网络规划布局情况

交通作为经济社会发展、空间布局优化的重要支撑和重要推力，历来受到高度重视和大力推进，不仅国家总体的交通布局中对长三角区域交通提出了明确规划，近年来还专门编制了《长江三角洲地区交通运输更高质量一体化发展规划》、《长江三角洲地区多层次轨道交通规划》等综合性规划和专业规划，为长三角地区综合交通网络互联互通提供了更为完善、更为与时俱进的指引。

一、总体规划布局

《交通强国建设纲要》《国家综合立体交通网规划纲要》《长江三角洲地区交通运输更高质量一体化发展规划》是对长三角交通网络的综合性上位规

划，明确了轨道交通、公路、铁路、水运、航空、交通节点的总体布局思路，以及长三角在国家综合交通网络中的作用和地位。规划强调以轨道交通为骨干，公路网络为基础，水运、民航为支撑，以上海、南京、杭州、合肥、苏锡常、宁波等为主要节点，构建对外高效联通、内部有机衔接的多层次综合交通网络。其中:

第一层是多向立体、内联外通的大能力快速对外通道。主要由干线铁路、高速公路、长江黄金水道、枢纽机场等骨干网络支撑，形成由京台、京沪、沿海、沪瑞、沿江、陆桥通道构成的“三纵三横”综合运输通道，实现与国际、国内其他经济板块高效联通。

第二层是快捷高效的城际交通网。以城际铁路、高速公路、普通国省道等为重点，实现区域内部城际快速直连。

第三层是一体衔接的都市圈通勤交通网。围绕上海大都市圈和南京、杭州、合肥、苏锡常、宁波都市圈，以城际铁路、市域（郊）铁路、城市轨道交通、城市快速路等为骨干，打造都市圈1小时通勤圈。

此外，规划还提出了上海等国际性综合交通枢纽，南京、合肥、杭州、宁波、连云港、徐州等综合交通枢纽功能，蚌埠、芜湖、无锡、温州、金华—义乌等综合交通枢纽等规划布局。

二、轨道交通规划布局

长三角地区轨道交通专业规划主要涉及《中长期铁路网规划（2016—2030）》《长江三角洲地区多层次轨道交通规划》。规划提出长三角拟构建由高速铁路、普速铁路（含港口集疏运）、城际铁路、市域（郊）铁路、城市轨道交通于一体的现代轨道交通运输体系，构成“八纵八横”铁路网络，共建轨道上的长三角。

其中，城际铁路和市域（郊）铁路作为高速铁路和城市轨道交通的补充，对区域互联互通、推动要素资源流动具有重要作用，近年来受到更多关注。因此，规划要求以都市圈同城化通勤为目标，加快推进城际铁路网建设，推动市域铁路向周边中小城市延伸，率先在都市圈实现公交化客运服务，支持高铁快递、电商快递班列发展。同时，在国家的规划指导下，苏浙皖各自编制省级轨交专项规划，包括《江苏省沿江城市群轨道交通建设规划（2018—2025 年）》《浙江省都市圈城际铁路近期建设规划（2014—2020 年）》《皖江地区城际铁路建设规划（2015—2020 年）》，已经通过国家发展改革委批复。

三、公路规划布局

《国家公路网规划（2013—2030 年）》是长三角地区高速公路网络的主要规划布局依据，包括首都放射线 2 条（G2 京沪、G3 京台）、北南纵线 3 条（G15 沈海、G25 长深、G35 济广）、东西横线 6 条（G30 连霍、G36 宁洛、G40 沪陕、G42 沪蓉、G50 沪渝、G56 杭瑞、G60 沪昆）。省级层面《上海市城市总体规划（2017—2035 年）》《江苏省高速公路网规划（2017—2035 年）》《安徽省高速公路网规划（2016—2030 年）》对省级干道进一步进行了布局。

《长江三角洲区域一体化发展规划纲要》则更加具体地提出了提升省际公路通达能力的目标，主要举措包括加快省际高速公路建设，对高峰时段拥堵严重的国省道干线公路实施改扩建，规划建设过江跨海通道，滚动实施打通省际待贯通路段专项行动，取消高速公路省界收费站等等。

四、港口与内河航道规划布局

根据《全国沿海港口布局规划》《全国内河航道与港口布局规划》和《长江三角洲区域一体化发展规划纲要》，三省一市将着力推动港航资源整合，优化港口布局，健全一体化发展机制，增强服务全国的能力，形成合理分工、相互协作的世界级港口群。

港口布局方面，以上海国际航运中心集装箱枢纽港和宁波舟山港现代化综合性港口建设为核心，协同建设苏州（太仓）上海港远洋集装箱运输喂给港、长江南京以下江海联运港区、舟山江海联运服务中心、芜湖马鞍山江海联运枢纽、连云港亚欧陆海联运通道、淮河出海通道、南通通州湾长江集装箱运输新出海口等。

内河航道方面，长江三角洲高等级航道网以长江干线和京杭运河为核心，由 23 条航道组成“两纵六横”高等级航道网，提高集装箱水水中转比例。

沿海沿江港口合作与联动机制方面，鼓励各港口集团采用交叉持股等方式强化合作，推动长三角港口协同发展。

五、民航机场规划布局

《全国民用运输机场布局规划》《长江三角洲区域一体化发展规划纲要》提出打造长三角世界级机场群，构建分工明确、功能齐全、联通顺畅的机场体系，提高区域航空国际竞争力。其中，巩固提升上海国际航空枢纽地位，增强面向长三角、全国乃至全球的辐射能力。规划建设南通新机场，成为上海国际航空枢纽的重要组成部分。优化提升杭州、南京、合肥区域航空枢纽功能，增强宁波、温州等区域航空服务能力，支持苏南硕放机场建设区域性枢纽机场。完善区域机场协作机制，提升区域航空服务品质。加强航空货运设施建设，加快合肥国际航空货运集散中心、淮安航空货运枢纽建设，规划建设嘉兴航空联运中心。统筹空域资源利用，促进民航、通用航空融合发展。深化低空空域管理改革，加快通用航空发展。

第二节　长三角交通网络互联互通进展及成效

长三角一体化发展上升为国家战略以来，地区交通网络进一步全面完善，运输服务水平显著提升，综合交通运输体系初步建成，交通一体化发展取得明显成效，总体适应长三角地区经济社会发展需要。同时，对标更高质量一体化发展要求，长三角地区综合交通运输体系一体化发展水平仍待提升，与国土空间、人口分布、产业布局衔接适应能力有待加强。

一、建设成效

（一）轨道上的长三角跑出加速度

轨道交通干线网络持续完善。《长江三角洲地区多层次轨道交通规划》完成了编制研究工作；杭黄高铁、郑合高铁、徐宿淮盐铁路、连淮扬镇铁路连淮段、商合铁路、沪苏通铁路一期等高速铁路通车运营；沪苏通铁路二期、沪苏湖铁路、宁淮铁路江苏段已经开工其他铁路项目前期工作有序开展。至 2019 年年底，长三角地区高铁营业里程近 5000 公里，覆盖区域内 90% 以上的设区市，安徽实现市市通高铁，江苏实现市市通动车。

城际轨道交通建设不断探索创新。从上海虹桥到江苏太仓的嘉闵线、从江苏南京到安徽马鞍山的宁马城际顺利开工，跨省市的都市圈轨道交通建设提供了良好的示范。

（二）省际公路通达能力明显提升

省际“断头路”连通取得突破。由于公路所属两地政府认识不同、建设能力不同、需求不同，高速公路、国道省道、农村道路等各级别的跨省际公路之间，都存在多条本该相通但实际没有连通的“断头路”路段。2018 年沪苏浙皖交通运输部门联合签订《长三角地区打通省际断头路合作框架协议》，按照对接意愿强烈、规划方案一致、建设规划明确、交通作用明显且对路网完善有积极作用等原则，确定了首批 17 个涉及断头路的重点项目。截至 2020 年底，所有项目均顺利推进，沪浙省际的叶新公路—姚杨公路等 5 条道路已通车。

省际公路通达能力进一步提升。2018 年以来新建、改建 13 条省际公路，其中宁杭高速、G320、G228、G310 公路等项目有序推进；沪宜高速（S16 公路）选线规划已正式启动。2019 年，全面取消高速公路省界收费站。

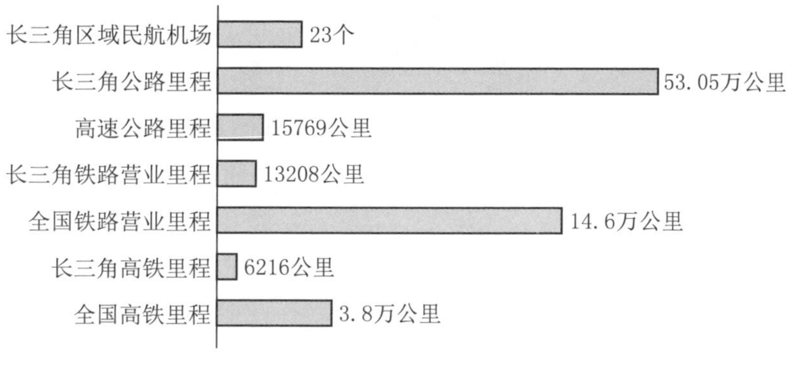

图 4-1　长三角地区交通网络建设情况

专栏 4-1　突破区域行政壁垒、打通省际断头路的经验做法

创新跨省际道路建设模式。以姚杨公路—叶新公路项目为例，跨界而建的潮里泾大桥归属问题、建设主体和投资分担问题、建设标准问题成为该项目推进的主要障碍。经嘉善、金山两地协商，形成了“上海审批、双方出资、嘉善代建”的合作模式。全桥建设投入资金约 5 亿元，两地共同承担，上海将其中的 2.5 亿元交予嘉善，由嘉善代为建设。引桥段各自施工，主桥三跨由嘉善代建。

创新两地协同合作机制。三省一市明确对 9 个省界断头路项目按总投资的 75% 予以资金补贴，并确立了两地协同、各自审批、共建共管的机制。各项目的实施以各相关区作为建设和实施主体，通过签订毗邻区域合作备忘录、建立跨区域功能型党组织等创新机制，促进项目推进。以城北路为例，工程参建单位与邻省的太仓市建立临时领导小组，每 2 个月召开一次协调会，针对工程建设的每个阶段存在的问题及未来需要双方联合共建的事宜进行商讨统一。施工单位与工程所在地三里村委会签订党建联建协议，成立临时党建小组，每个季度组织一次联合学习与交流，以党建带动项目建设。

资料来源：周娜、贾晓雯、苏兆前：《打通省际断头路，互联互通连接长三角》，载《长三角一体化发展实践创新案例集（2020）》，长三角区域合作办公室、天目新闻、澎湃新闻，第 98 页。

（三）区域港航协同发展深入推进

机制协同方面，在上海组合港管委会的统筹协调下，强化港口群联动协作，上港集团、江苏省港口集团、浙江省海港集团、安徽省港航集团等港口龙头企业深化合作，加快共商共建共享。小洋山北侧开发取得新进展，上港集团与浙江海港集团协商形成了合资合作推进小洋山综合开发的方案，签署了协议。

江海直达方面，开通苏州至洋山、大丰港至上海港定期班轮航线，上海

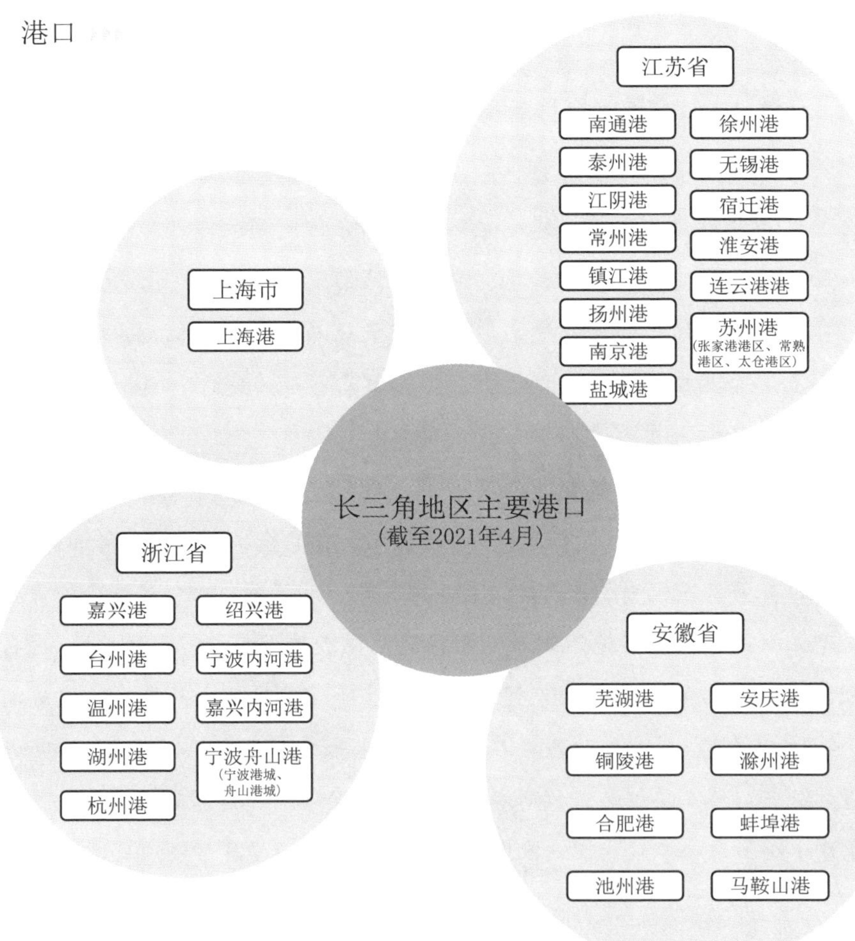

图 4-2　长三角地区主要港口

港集装箱支线班轮已对接芜湖、南京等长江中下游主要港口。上海依托上港集团建设长江集装箱江海联运综合服务信息平台，浙江依托江海联运数据中心开展国际贸易单一窗口4+1港航口岸一体化应用。舟山江海联运平台与

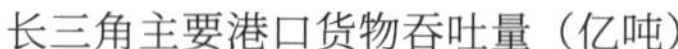

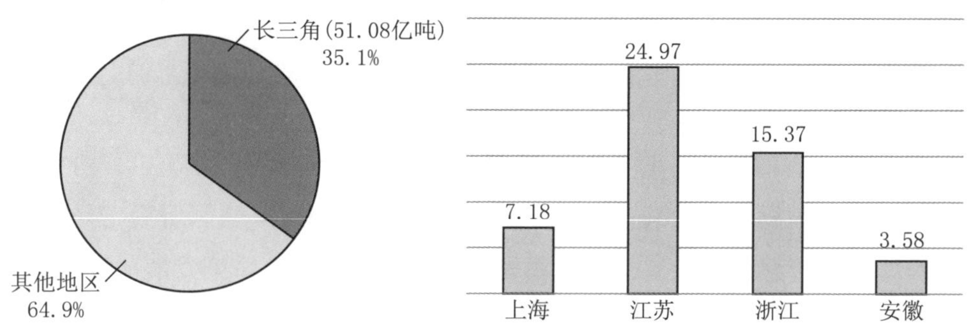

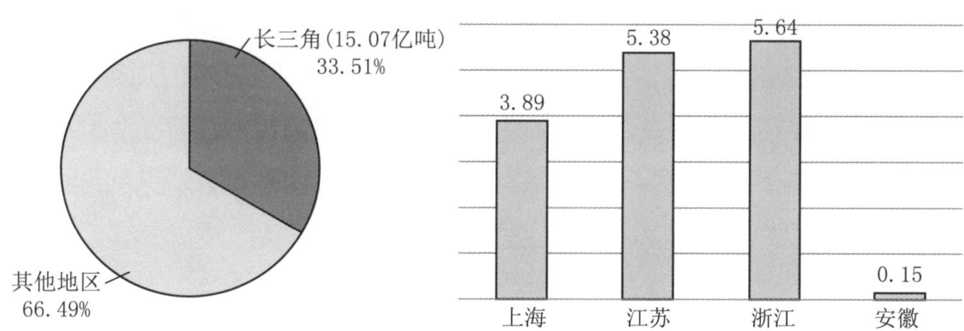

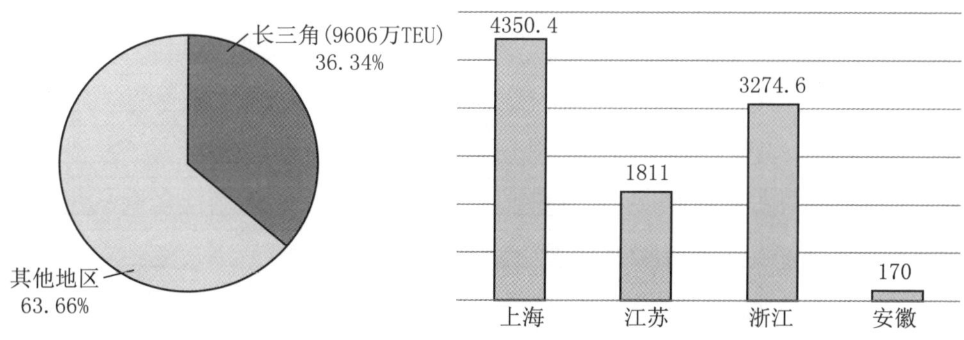

图4-3　长三角地区主要港口吞吐量（2020年）

长江沿线的南京、张家港、重庆以及长江汇、金马云等9家港口、平台实现信息互联开放共享。

航道建设方面，长湖申线航道整治工程、平申线航道（上海段）、京杭运河杭州段和湖州段四改三工程等项目已完工，苏申内港线航道等省际航道项目顺利推进。外高桥港区八期工程建设项目进行了调整。

（四）区域民航协同发展规划顺利推进

战略协同方面，民航局与三省一市建立“1+4”工作机制，签订《关于共同推进长三角地区民航协同发展努力打造长三角世界级机场群合作协议》。民航华东管理局启动《长三角民航协同发展战略规划》编制研究工作，正进入规划征求意见阶段。上海市率先完成《长三角民航协同发展战略规划》（上海篇）编制，民航局和沪苏两地签署两场同步建设协议，推动大场机场迁建；浙江省组织编制浙江民航中长期发展战略规划，深化全省机场资源整合；安徽省成立省民航发展工作领导小组，出台《关于加快民航业发展的意见》，全面加快民航业发展。

项目建设方面，上海虹桥机场、浦东机场，杭州机场、宁波机场、南京、合肥机场均进行了改扩建工作，机场容量得到提升，航空服务水平不断推进。

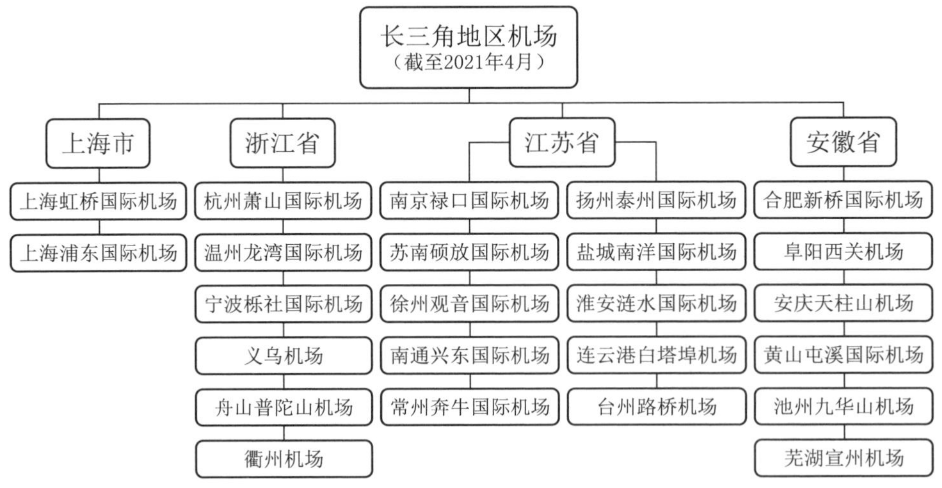

图4-4　长三角地区机场布局

（五）运输服务质量不断提升

客运一体化水平显著提高。上海、南京、杭州、合肥等城市间基本实现 2 小时快速通达；区域内 10 个已开通城市轨道交通的城市实现地铁乘车“一码通行”；长三角区域地级市城区公交“一卡通”基本实现。

创新跨省毗邻公交常态化运行机制。2019 年，三省一市以一体化示范区为抓手，将开展毗邻地区公交客运衔接线路试点工作，探索完善省际毗邻地区公交客运线路开行机制。按照“成熟一条，发展一条，规范一条，逐成体系”的总体原则，示范区当年即开通了上海东方绿舟站—汾湖汽车客运站、黎里旅游集散中心—东方绿舟站、西塘古镇—上海东方绿舟站、第五人民医院—上海大观园、黎里旅游集散中心—西塘古镇停车场等 5 条区域公交线，可以直接停靠青浦、吴江、嘉善三地的公交站台。线路开通以来，极大地方便了三地的居民出行。以示范区 3 路为例，开通首周累计发送 43.5 个班次、旅客 1325 人次，平均每个班次发送 30 人次。

货运服务保障能力持续增强。城际速递、同城物流等多样化、专业化物流模式快速发展，江海、铁水等多式联运积极推进，民航货邮吞吐量中国际及地区航空业务量占比较全国平均水平高 35%。

专栏 4-2 跨省毗邻公交常态化运行的经验做法

统一思想认识，完善沟通协作机制。三省一市交通管理部门共同成立长三角毗邻地区公交客运衔接线路试点工作小组，建立共商共建工作协调机制，联合制定长三角毗邻公交客运发展意见，共同推动毗邻地区公共出行条件的改善和相关政策制度的创新。例如，示范区 5 路（西塘古镇—黎里古镇）需经过嘉善和吴江两个收费站，两地交通部门进行协商，通过财政核销形式免除跨省公交过路费。

推动部门跨界合作，统一设施及运行标准。在示范区跨省公交运营过程中，存在两省一市在公交车辆、站牌等设施上标准不统一的问题。

为此，三省一市交通主管部门依托共商共建工作协调机制，研究制定适应长三角各毗邻地区的公交客运衔接模式，形成统一、明确的运营标准和执法监管体系。规范车辆标准方面，三地公交部门按照高标准、舒适性、绿色环保等要求统一规划、联合实施，营运车辆均为新能源车辆，公交车辆统一标识印制“长三角一体化示范区公交”字样，同一许可线路采用同一车型配置、外观标志和车内配套设施。对于两地营运车辆技术要求不一致的，参照技术要求较高一方的标准办理许可。

落实运营主体责任，破解运输安全难题。示范区公交线路运营以属地化为主，1路由青浦巴士运营；示范区3路属于嘉兴善通，由嘉善县交通局负责；2路、4路、5路都属于吴江公交运营。跨省公交打破原有行政隶属界限，但采用中途停靠的上下客模式，无法进行实名制登记，不利于跨省旅客安全保障。为保障运营安全，两省一市交通主管部门协商并征求属地公安交警部门意见后确定，由线路运营企业落实企业安全生产主体责任，运营线路的公交车辆须安装车载卫星监控系统和视频监控系统并实时监控，确保车辆技术符合要求；重大活动安保期间，配备随车安全员，并配置手持式安检仪，严格落实人员和携带物品的安检工作，并按照双方公安部门要求做好运营公交车辆的省界道口安检工作。鼓励参照城市公交配置更高标准的安全设施，保障示范区跨省公交安全运行。

资料来源：黄云灵、徐雪纯、陈静：《跨省毗邻公交常态化运行，畅通一体化示范区交通末梢“最后一公里”》，载《长三角一体化发展实践创新案例集（2020）》，长三角区域合作办公室、天目新闻、澎湃新闻，第108页。

（六）交通管理全面深化合作

三省一市深入贯彻实施《长三角交通运输资源共享管理办法》，进一步拓展数据共享范围。深入开展长三角地区治超联合整治行动，制定《长三角超限超载数据共享方案》，提出统一超限超载数据交换标准和方案实施进度表，再次签订《长三角地区治理货物运输车辆超限超载合作协议》，执法联动、立法协同、信息互动机制初步形成。完善水路运输管理建立常态化联动监管机制，长三角核心港口率先实施船舶进入排放控制区使用硫含量≤ 0.5% m/m 燃油的管控措施；上海市交通委执法总队与江苏昆山交通执法部门建立了沪（嘉）昆太交通执法一体化机制。浙江省完成升级危险货物道路运输电子运单填报系统，与江苏省电子运单数据实现互联，启动与上海市电子运单互联准备工作。

二、存在问题

（一）沟通对接体制机制需要进一步完善

综合交通网络结构性矛盾突出，枢纽分工协作水平和国际竞争力不强，港口、机场分工协作不足，综合交通枢纽衔接水平不高，上海国际航运中心现代航运服务功能有待加强，公路、内河航道待贯通或通而不畅等问题依然存在。轨道交通、省际高速公路、省际航道建设标准、建设时序，机场和港口建设运营等方面存在冲突和矛盾，合作协同力度仍需加大。规划编制方面，三省一市跨区域利益协调机制尚不健全，既有规划全局性、协同性还需加强，一定程度还存在“地方局部利益置于全局利益之上”的问题。

（二）长三角城际铁路网络相对滞后

近年来，三省一市均积极开展各自都市圈城际和市域（郊）铁路规划，但更多关注内部都市圈轨道网络一体化，轨道线网规划自成体系。跨区域规划线路对接缺乏统筹，技术标准存在明显差异，部分对外和城际通道能力不足，局部区域轨道交通网络覆盖不够、功能定位不准、标准层级不清。此外，城际铁路建设、运营涉及的衔接、协同、票制问题，以及城际铁路协调机制体制合作模式仍需进一步探索。

（三）一体化体制机制亟待健全

跨地区、跨部门规划建设运营等统筹协调力度不够，土地、空域等供需矛盾突出，资源集约节约利用效率不高，统一开放的运输市场尚未形成，信息不共享、政策不完善、标准不统一等制约因素依然存在。其中，省际公路和铁路交通设施建设均涉及基本农田问题，用地问题尤为突出，导致部分项目开工困难。例如，普通国道G228上海浙江省界段，受制于用地、投资和建设计划等事项与浙江省未达成一致，难以与其他路段同步实施。

（四）信息系统互联共享水平有待提升

信息化系统互联共享水平不高，部分地区港口因系统升级等原因未能实现与长江经济带集装箱江海联运综合服务平台系统对接；长三角区域机动车环保信息服务平台已完成搭建，上海市数据已实现自动更新，但苏浙皖三省数据目前均通过人工手动导入，更新频次较低。交通智慧化程度不高，目前沪杭甬高速智慧化改造完成基础示范，杭州绕城西复线部省试点建设进入全面推进阶段，杭绍甬智慧高速公路杭绍段初步设计获批，但其他省份这方面推进工作比较滞后。

（五）示范区毗邻公交服务有待提升

示范区公交已经初步实现统一命名，统一车辆外观标识，统一采用符合营运要求的新能源车辆，统一车站信息等，兼顾微信、支付宝、交通卡、现金等多种支付方式，并采用“一线一票价”的模式。但是，区域同城化通勤化运输服务短板明显，全流程、一站式、一单制等模式发展不足，公交存在缺乏统一的管理模式和服务标准，支付方式尚未实现互通，票制票价尚未实现统一以及乘客存在差异化出行诉求（公交发车班次少、运营时间和间隔过长）等问题。

第三节　提高长三角交通网络互联互通水平的思路建议

形成设施互联互通、分工合作、管理协同、服务共享共赢，构建安全、便捷、高效、绿色经济的现代化综合交通体系，将有力支撑长三角世界级城市群建设、有效支撑带动长三角地区更高质量一体化发展、为更好引领长江经济带发展、更好服务国家发展大局奠定坚实基础。为此，建议坚持优化提升、适度超前，一方面以项目建设为抓手，统筹推进跨区域铁路、公路、港航、机场等基础设施建设，另一方面以机制创新为重点，进一步加快提高长三角交通网络互联互通水平。

一、重点举措建议

（一）着力打通公路和铁路通道

全面提升省际公路运输能力。持续推进高速公路、省际普通国省道建设及改建工程，构筑长三角便捷通达公路网络，逐步实现相邻城市间高速公路直连。优化干线公路对外衔接，持续推进省际断头路建设，改善路段通行能力，促进跨省界地区路网融合，提高省际公路通达水平。

共同建设轨道上的长三角。大力推进国家铁路干线建设，打通沿海、沿江和省际高速铁路，提升沿线城镇与长三角城市直联直通水平。开展沪杭、G60 科创走廊合肥—芜湖磁悬浮项目规划研究，完善与国家铁路运输通道衔接。加快跨区域城际铁路和市域（郊）铁路规划建设，持续完善都市圈通勤交通圈，促进多层次轨道网络的融合。

（二）协同构建世界级海空枢纽

优化港口功能布局与联动协作。做大做强上海国际航运中心集装箱枢纽港，高水准推进洋山深水港区建设运营，加快沪浙合作小洋山北侧综合开发，探索沪苏通州湾合作模式。积极推进各港口集团合作，支持市场主体以资本为纽带加强合作，提升港航资源配置效率。探索建立规划统筹、管理协同、信息共享、市场融合的区域港航一体化治理体系。

打造高效畅达的集疏运体系。着力推进以江海联运、河海联运、铁海联运为核心的多式联运体系建设。打通河海、江海直达通道，统筹内河港区规划建设，加强苏浙皖沿海、沿江港口与上海港开展江海联运、江海直达合作。

提升航空枢纽综合服务能力。以上海国际航运中心为主要载体，全面实施通程联运，推进国际、国内两网深度融合。打造全球领先的智能高效货运枢纽集群，提高货运网络全球通达性，鼓励开展国际货邮中转集拼业务。

持续加强长三角机场群合作。加强长三角区域民航机场在市场需求、功能定位、规划建设、空域协同、运行管理、地面交通等方面的合作，联合搭建机场共享数据平台，实现长三角机场群信息共享、分工明确、决策协同。持续深化低空空域管理改革，优化通用机场建设布局，协调开通通用机场跨省（市）低空航线。

（三）推动城际运输服务一体化

推进城际空铁、空陆、空海等旅客联程运输服务。探索开展城际旅客跨运输方式异地候机候车、行李联程托运和城际“行李直挂”等业务。推进城际客运枢纽各种交通方式间安检互认，提升运营效率。健全高速公路通行费跨省清分结算机制，优化高速公路不停车收费（ETC）服务体系。鼓励开展物流一体化运输，促进高铁运输与快递物流融合，推动多式联运设施与装备技术标准化。

（四）率先探索建设智慧交通体系

推动长三角地区水陆空重要交通节点全方位感知网络覆盖，加快长三角地区交通物联网标准规范建设。开展车联网和车路协同技术创新试点，实施新一代全息感知与智能管控的智慧道路研究和试点建设，谋划打造连接宁波—杭州—上海—南京—合肥的“Z”字形新一代国家交通控制网和智慧公路示范通道。

着力打造一体互联的智能航运信息平台。积极建设集装箱江海联运公共信息平台，进一步深化完善基于港口网络的江海联运智慧物流示范工程，共建船货交易、船舶拍卖、综合物流等专业平台。鼓励开展“智能航运”示范应用，实现区域船岸港信息互联互通和智能化管理服务一体化。

二、机制优化建议

（一）进一步完善区域交通工作协调机制

建议三省一市交通部门依托长三角区域协同办公室的平台，加强与国家部委、其他省市有关部门之间的沟通协调，及时发现、共同研究、合力破解长三角交通更高质量一体化工作难题，与各省交通部门形成双边、多边工作交流机制，共同推进项目进展，并争取政策加强重点项目的资金、用地等保障。

（二）完善交通基础设施规划建设对接机制

规划方面，长三角国铁通道项目已经基本明确，建议在《长江三角洲地区多层次轨道交通规划》的基础上，开展三省一市各都市圈内部城际轨道交通系统规划，对于已经开展相关研究的地区，建议对规划成果进行优化完善或修编，实现规划协同。此外，在省际道路等方面也需要加强规划对接。建设方面，在跨省界的重大交通基础设施项目建设方面需要完善省际沟通机制，提高长三角交通基础设施建设推进效率。着力统一区域航道建设标准统一，在规划建设过程中加强轨道交通系统制式、技术标准的统筹，为一体化运营和联通打下基础。在空域资源、机场布局、航线布局上进一步优化、调整、完善。

（三）创新交通基础设施资源要素保障机制

建议科学落实用地、环保等配套政策，在用地政策上优先确保区域交通走廊、枢纽等设施的用地指标，部分建设时机尚未成熟的区域，应做好规划控制和用地预留。抱团争取国家对空域资源优化配置、耕地占补平衡指标统筹使用等方面的大力支持。持续完善区域交通设施投融资机制，积极吸引政府、社会资金，通过构筑多元化的区域交通基础设施投融资体制，充分发挥地方、社会积极性，以投资体制的改革带动管理体制的优化。建议在搭建跨省市更高级别的融资平台、跨区域城际轨道交通运营管理、区域机场群和港口群分工协作等领域争取先行先试。

（四）创新省际毗邻客运管理体制机制

建议持续创新、完善毗邻客运线路对接协调机制，探索建立毗邻公交线路、城际铁路等建设资金和运营补贴分担机制、票收统一结算制度、一体化开发建设和运营管理机制。建议开展毗邻地区公交客运跟踪评估工作，统一补贴标准，统一车型和支付系统，提升线路智能和信息化水平，实现毗邻公交信息互联共享，提升毗邻公交服务品质，改善乘客出行体验。

（五）完善以交通为引导的区域一体化开发模式

建议研究利用沪宁、沪杭等干线铁路富余运力开行城际列车，研究加密站点，推动新建站点城站一体化开发建设。着力推动城市圈城际铁路网与城市轨道交通网、国家铁路网融合，加强跨区域轨道交通一体化规划，增强跨区域产业布局协同和站点功能联动。依托沪嘉城际、嘉闵线等增强沪宁、沪杭方向的复合铁路通道，形成多条铁路网连接不同枢纽的格局，进一步畅通要素流动性、增强经济带动能力，更好地推动长三角一体化、区域多极化。

第四节　国际借鉴：以城际走廊带动区域一体化发展能级

京沪高铁上海虹桥至苏州北站段是连接上海和苏州的快速通道，全程约30分钟，与日本东京到横滨段铁路具有相似性。通过借鉴日本京滨段铁路发展经验，可对长三角地区更好发挥城际铁路网作用、带动区域能级提升提供建议。

一、京沪高铁沪苏段与日本京滨段线路对比

（一）京沪高铁（上海虹桥—苏州北段）

京沪高铁上海虹桥至苏州北站段总长度为75公里，包括起讫站为3站，平均站距为37.5公里，最高时速为350公里/小时，途经上海闵行区、嘉定区、江苏昆山市、苏州工业园区、相城区。其中上海虹桥站主要位于上海市闵

行区、昆山南站位于江苏昆山市、苏州北站位于苏州市相城区，三者都为2010年左右的新建站。高铁开通至今对铁路沿线的站点所在区县带动作用明显。

（二）日本京滨高铁走廊

日本京滨高铁走廊为日本经济最发达的东海道经济带的一部分，东京都与横滨市之间相距约30公里，其中东京都的站点有东京站、新宿站和品川站3个站点，横滨市有横滨站、新横滨站和羽泽横滨国大站3个站点。联通两个城市不同站点之间的铁路有9条，包括新干线、国转民营的JR铁路线以及私营铁路线。所有线路虽设站不同，但就其运行方向来说只有两种，即东京—武藏小杉—横滨方向和东京—川崎—横滨方向，两个方向的轨道将东京与横滨之间圈出一个空间。

图4-5 京滨铁路走廊布局

资料来源：《东海道货物支线货客并用化整备检讨协议会》会议手册。

1. 日本东海道新干线（东京—新横滨段）

日本东海道新干线是日本第一条新干线，同时也是全球第一个成功运营的高速铁路系统，其连接东京、名古屋和大阪这三个日本最主要城市，地位与京沪高铁相当。东海道新干线东京至新横滨段线路全长25.5公里，含起讫站也为3站，包括东京站、品川站和新横滨站，平均站距12.8公里，最高时速为285公里/小时。此段路线途经东京都港区、千代田区、横滨市港北区，线路中停靠的品川站为2003年新开站，新横滨站为1964年新干线开通时的新建站，与横滨站相距6公里。

2. JR线过东南部川崎路线

JR线过川崎的路线为日本规划的连接东京和横滨的最早路线，包括东海道线和京滨东北线，都贯通于100年前，且总路程不超过30公里。后于2015年为了贯通此线路与东京市内的上野，开通了上野东京线。东海道线由东京都东面的东京站出发，5站到达横滨站。东京站与横滨站之间长度为28.8公里，平均站距为7.2公里，最高时速为130公里/小时。京滨东北线则较东海道线站数多，为15站。东京站与横滨站之间长度也为28.8公里，平均站距为2.4公里，最高时速仅为95公里/小时。

3. JR线过西北部武藏小杉路线

JR线过武藏小杉路线为后开发路线，包括湘南新宿线、相铁线、横须贺·总武快速线，贯通时间都晚于新干线建成，且逐渐开发新站点，总路程都在30公里以上。1980年贯通的横须贺·总武快速线起始点仍然是常规的东京站和横滨站，共7个站点，31.7公里，最高车速为120公里/小时。之后于2001年贯通的湘南新宿线将起点设在了东京都西面新宿站，终点仍为横滨站，35.5公里，总共为8个站点，最快5站到达，最高车速为120公里/小时。到2019年年末，贯通的相铁线在保留新宿站作为起点的同时，新开发了羽泽横滨国大站在横滨站和新干线新横滨站中间，支持两个站点中间地带的开发。

4. 私营铁路

京滨间的私营铁路包括东急东横线和京滨急行本线，其最大特点就是站点较新干线和 JR 线为多，且同一线路上不同列车停靠站点数量不同。其中，东急东横线为 1980 年横须贺・总武快速线贯通之前唯一一条从东京过武藏小杉到达横滨的线路。其全长 24.2 公里，起始站为涩谷站，终点为横滨站，共 21 个站点。东急东横线列车分类繁多，细分为急行列车 11 个站点、通勤特急列车 7 个站点、特急列车 6 个站点、S-TRAIN 3 个必停站点。列车的最高时速为 110 公里 / 小时。京滨急行本线东京品川站到横滨站共 37 个站点，全长 22.2 公里。其还细分为急行列车最多停靠 10 个站点、特急列车最多停靠 8 个站点、特快列车最多停靠 4 个站点。京滨急行本线列车的最高时速为 120 公里 / 小时，其停靠的品川站在 2003 年被开发成新干线的又一车站。

表 4-1　京沪高铁沪苏段与日本铁路京滨段对比

线路名	贯通时间	里程（km）	经停站点数量（个）	设计时速（km/h）	平均站距（km）	工作日发车最长间隔时间（min）
京沪高铁	2011 年	75	3	350	32.5	20
东海道本线	1872 年	28.8	3	130	7.2	10
京滨东北线	1915 年	28.8	11	95	2.4	5
东急东横线（私营）	1927 年	24.2	4	110	4.8	4
京滨急行本线（私营）	1933 年	22.2	2	120	7.4	4
日本东海道新干线	1964 年	25.5	1	285	12.8	6
横须贺・总武快速线	1980 年	31.7	5	120	5.3	12
湘南新宿线	2001 年	35.3	2	120	8.8	15
上野东京线	2015 年	28.8	0	130	28.8	9
相铁・JR 直通线	2019 年	37.2	5	120	6.2	30

二、东京—横滨交通走廊规划建设历史与区域带动

（一）城际铁路的发展背景

日本的铁路网初建于明治时代，以1872年从东京新桥到横滨的第一条铁路线为标志。该铁路随后扩建为东海道线，对连接关东和关西间的经济、社会交流和人员往来起到了巨大的作用，推动了日本工业化步伐，促使了重化工业不断向四大工业地带的集聚。第二次世界大战后，日本经济迅速恢复，城际铁路发展被提上议程。其原因有二：一是原有铁路线运力开始跟不上发展速度。连接京滨、中京、阪神等日本经济高速发展地区的东海道铁路线虽只占日本铁路总长的3%，却承担着全国客运总量的24%和货运总量的23%。二是从中心城市向外连接到次级城市的交通需求增加。东海道城市群内产业人口过度集中问题十分突出，同时原有三大工业地带工业急剧膨胀，不断向外延伸，如京滨工业带向千叶东京湾扩展，形成了京叶工业地带。这种状况带来了建设从中心城市向外连接到次级城市的交通网络的新需求。

东京至横滨的铁路存在随着产业的发展需要不断从沿海地区向内陆地区发展的趋势。最早为了服务东京、川崎、横滨所串联的临海工业带的货物运输与人员流动，陆续建设东海道线和京滨东北线。同时，为了方便人口聚集，各城市又建造了延伸至内陆的铁路线路，如以川崎为起点向内陆延伸的南武线、以横滨为起点的向内陆延伸的横滨线。之后随着产业的不断向内陆转移，从东京又发展出不同的线路将这些内陆延伸铁路勾连起来形成网络，并开发新的枢纽站点，其中从东京品川出发途经南武线武藏小杉站，最终到达横滨的线路成为了联通东京到横滨的又一铁路体系，而武藏小杉成为京滨沿线上除川崎之外的又一交通枢纽。

（二）东京—横滨交通走廊的形成过程与带动成效

日本从1958年开始计划修建第一条高速铁路，即东海道新干线。东海道新干线作为东海道线的加强版，路线和东海道线大致重合，且速度为东海

道线的两倍，有力地提升了这条连接日本主要城市圈铁路的运力。1964 年东海道新干线开通后，沿线城市交通区位得到改善，工业集聚地之间的联系障碍被消除，沿线城市工商业得以迅速发展。1969 年新干线沿线停靠城市工商企业数比 1963 年增长了 12.3%，而沿线非停靠城市工商业数仅增长了 8.1%。以挂川站为例，新干线开通后的 1992 年相比于 1988 年，挂川市在商业领域的就业率增长了 8.1%，商业产出增长 37.6%；工业领域的就业率增长了 6.9%，工业产出增长了 39.2%。

为了解决中心城市到次级城市的交通问题，包括 JR 线和私营铁路线在内的日本城际铁路开始快速发展。1962 年，日本第一次“全国开发计划”提出工业向中小城市发展的目标；1969 年，第二次全国开发计划提出了大城市 30—50 公里、地方城市 20—30 公里、农业村镇 20 公里的设想生活圈作为交通网络建设的依据；1977 年，第三次“全国开发计划”提出了通过控制大城市人口，并随着工业分散将人口有计划外迁的方式达到控制大城市、发展中小城市的目标；1987 年，第四次“全国开发计划”提出了建立站点城市具有多样性和特性的多极分散型交通网络，建成全国一日交通圈。为响应规划，众多城际铁路在这一期间建成并投入使用，更多城市的新车站也陆续开通，带动了沿线中小城市的人口及产业发展。以海滨幕张站为例，1986 年开通京叶线海滨幕张站后，配套建设了国际展示场，将会展打造成了支柱产业，并带动旅游文化产业发展，成为首都圈除东京台场之外的又一个国际会展中心。

三、京滨铁路走廊对区域带动的经验总结

（一）形成中心城市之间的复合铁路网络体系

二战之前，日本的重工业几乎全部聚集在京滨铁路沿线，京滨沿线本来也就只有从东京过川崎到横滨这一条铁路线。二战后，随着临海地带的产业转移和扩张，逐渐开发出东京过武藏小杉到横滨的线路，打造了从东京到达

横滨的第二条线，又与川崎出发的铁路相交。之后又陆续从东京延伸出许多条直达横滨和川崎郊区的线路，如都市田园线、东急多摩川线等，将本来游离于产业发展之外的人口与区域包括进来。不但将武藏小杉站培育成日均人流量 40 多万的新交通枢纽，而且产业也因人气而渐渐集聚。同时，被两条线路圈出的腹地也成为了两座中心城市通勤人员的便利居住地。

反观京沪高铁与原有的动车铁路线，除了在上海与苏州境内因为站点不同而略有分叉，其中间段铁路只有一条，站点亦少，形成了两头大中间小的产业集聚情况，不利于产业的一体化发展。

（二）加强多层次交通网络融合

高铁新城的发展仅依靠高铁站点是远远不够的，想要提高知名度，吸引人流，必须实现新城与外界的全方位交流，因此多种交通要素联动发展是关键。首先，大运量的轨道交通是与高铁站点接驳的首选方式。例如，新横滨站直到通过与横滨市营地铁线接驳完成老城与新城的直接联系才逐渐发展起来，缩短通勤时间是吸引老城和东京都市圈内其他城市人口来新横滨就业的必要措施。而同为大城市主要火车站的东京火车站日均换乘人数最多，每天超过 100 万人次。能完成这样大数量的旅客周转主要得益于东京火车站能够实现和 7 条地铁线（城市轨道）换乘。相较而言，上海虹桥站接驳线路数只有 3 条，与市域其他地方的人流交换能力不足。其次，加强公路运输能力与空港联运能力，帮助人员流动。但上海虹桥站现在存在着面向市内的路面交通不便的状况，无法起到分流作用。

（三）发挥站点的枢纽节点作用

铁路站点对铁路沿线的经济起到核心带动作用。京滨线路上，仅是横须贺线从东京到横滨就有 90 多班次，而从东京到横滨，仅 JR 线就有 23 个站点，保证横滨到东京之间的任何地方到两个中心城市都十分方便。除此之外这些线路又分不同功能的快慢车，照顾出行目的不同的人。

反观上海虹桥至苏州北站段作为连接全国经济前列的两大城市的铁路要

道，却只有3个站点。而即使算上上海与苏州之间的动车，也只是增加了苏州园区和阳澄湖两个站点，且一天各只有一班车次，铁路对上海周围人员流动的支持作用并不显著。而且站点的发展规划又多依托所属城市，站点与站点之间十分孤立，缺乏产业的互动与互补。

（四）加强站城一体化开发建设

开发主体的多元化有时会因各自的特点和开发时机不同，而产生不同的开发效果。多摩田园都市成功的关键在于住宅区与田园都市线同步建设、同步开通，新市镇与铁路建设企业为同一开发主体（东京急行电铁公司），因而能够兼顾土地开发需求与铁路建设的投资效益，协同二者在发展中的需求和时机，保证铁路建设与新区同步发展，既能为新城营造便捷顺畅的交通环境以增强其吸引力，又能通过新城高效的土地开发为轨道交通提供长期稳定的客流支撑，保障其运营效益，形成良性循环。

（五）推动沿线形成综合复合功能

产业是高铁新城集聚人气、形成内在发展动力的基础和前提，例如新横滨充分抓住了高铁促进生产要素流动的特性，发展注重信息流传递的IT产业。除此之外，新横滨站还依托新城空地多的特点大力发展文体事业，建设不同规模的体育场馆，可以举办各种体育赛事、音乐会和演唱会等。这些产业的发展不仅给不坐火车的人来新城游览的理由，而且增加的就业又带动了当地的居住发展，使新城不至于形成白天拥挤、夜晚空城的状态。

在布局上，田园都市线在车站及线路紧邻处布置商业功能，达到土地资源高度利用的目的；同时，将公共设施设置于客站周围，并建设公园、绿地等活动场地，一方面作为屏障隔绝轨道交通对住宅的不利影响，另一方面也便利和丰富了居民的生活。

第五章

强化生态环境共保联治
夯实长三角地区绿色发展基础

长三角地区是我国经济密度最高的区域之一，拥有世界六大城市群之一的长三角城市群，是我国经济社会发展的重要增长极。而在经济高速发展的同时，大量的能源消耗与污染排放也给区域生态环境造成了较大压力。习近平总书记一直高度关注长三角生态环境问题，在扎实推进长三角一体化发展座谈会上，习近平总书记指出长三角地区是长江经济带的龙头，不仅要在经济发展上走在前列，也要在生态保护和建设上带好头。在扬州考察时，习近平总书记再次强调，生态文明建设在推动长三角一体化发展中占有重要地位，直接关系人民群众生活幸福，关系青少年健康成长，是广大人民群众的共识和呼声。近年来，长三角生态环境保护工作逐步推进，生态质量呈现逐年好转态势，也涌现了一批值得借鉴学习的创新案例。“十四五”规划对长三角生态环境提出了更高的要求，本章针对现存问题及后续治理思路，给出了对策建议。

第一节 长三角区域生态环境协同治理进展及成效

协同共治是解决长三角生态环境问题的关键，经过多年努力，从最直观的数字指标中可以看到，区域生态环境质量稳步提升，治理成果显著。同时在治理的过程中也暴露了一些问题，需要进一步着力解决。

一、基本情况

（一）长三角生态环境质量持续好转

近年来长三角区域一体化进程不断加快，生态环境综合治理力度也持续增加，面对国内外诸多矛盾叠加、风险隐患交汇的严峻挑战，三省一市在环保领域全面贯彻习近平总书记生态文明建设新思想，坚持生态优先、绿色发展，加快推进环境基础设施建设，建立健全一体化联防联治体系，上海市继续发挥好改革开放排头兵、创新发展先行者的角色，主动适应长三角一体化发展新态势，开创生态环境共保联治新局面。

1. 长三角地区大气质量持续好转

根据《2019 中国生态环境状况公报》[1]，2019 年长三角地区 41 个城市优良天数比例范围为 56.2%—98.1%。平均为 76.5%。其中，15 个城市优良天数比例在 80%—100% 之间，26 个城市优良天数在 50%—80% 之间。平均超标天数比例为 23.5%。其中轻度污染为 19.5%，中度污染为 3.5%，重度污染为 0.6%，严重污染不足 0.1%。以上海市为例，2019 年，上海市环境空气质量指数（AQI）优良天数为 309 天，较 2018 年增加 13 天，AQI 优良率为 84.7%，较 2018 年上升 3.6 个百分点。细颗粒物（PM2.5）年均浓度为 35 微克 / 立方米，可吸入颗粒物（PM10）年均浓度为 45 微克 / 立方米，均达到国家环境空气质量二级标准；二氧化硫（SO_2）年均浓度为 7 微克 / 立方米，达到国家环境空气质量一级标准；二氧化氮（NO_2）年均浓度为 42 微克 / 立方米，超出国家二级标准 2 微克 / 立方米。上述四项污染物浓度均为历年最低。[2]

［1］ 中华人民共和国生态环境部：《2019 中国生态环境状态公报》，2020 年。

［2］ 上海市生态环境局：《2019 上海市生态环境状况公报》，2020 年。

表 5-1　2019 年长三角地区大气污染浓度变化

地　区	指标	浓度（CO：毫克 / 立方米，其他：微克 / 立方米）	比 2018 年变化（%）
长三角地区	$PM_{2.5}$	41	−2.4
	PM_{10}	65	−3.0
	O_3	164	7.2
	SO_2	9	−10.0
	NO_2	32	0.0
	CO	1.2	0.0
上海	$PM_{2.5}$	35	2.9
	PM_{10}	45	−6.2
	O_3	151	3.4
	SO_2	7	−22.2
	NO_2	42	7.7
	CO	1.1	10.0

资料来源：《2019 中国生态环境状况公报》。

2. 长三角地区水质情况不断好转

2019 年，长江干流和主要支流水质均为优（2018 年主要支流水质为良好）[1]。上海市主要河流的 259 个考核断面中，Ⅱ—Ⅲ类水质断面占 48.3%，Ⅳ类断面占 47.5%，Ⅴ类断面占 3.1%，劣Ⅴ类断面占 1.1%，主要污染指标为总磷和氨氮。与 2018 年相比，考核断面中劣Ⅴ类比例下降了 5.9 个百分点，氨氮、总磷平均浓度分别下降了 35.1% 和 7.3%。上海市 4 个在用集中式饮用水水源地水质全部达标（达到或优于Ⅲ类标准），地表水环境质量持续改善[2]。江苏省纳入国家《水污染防治行动计划》地表水环境质量考核的 104 个断面中，年均水质符合《地表水环境质量标准》（GB 3838-2002）Ⅲ类标准的断面比例为 77.9%，无劣Ⅴ类断面。对照

[1] 中华人民共和国生态环境部：《2019 中国生态环境状态公报》，2020 年。

[2] 上海市生态环境局：《2019 上海市生态环境状况公报》，2020 年。

2019年国家考核目标，水质优Ⅲ类和劣Ⅴ类比例均达标。与2018年相比，优Ⅲ类断面比例上升8.7个百分点，劣Ⅴ类断面比例降低1.0个百分点。纳入江苏省“十三五”水环境质量目标考核的380个地表水断面中，年均水质达到或优于Ⅲ类的占84.3%，无劣Ⅴ类断面。对照2019年省考核目标，优Ⅲ类比例达标，且实现消除劣Ⅴ类的考核目标。与2018年相比，优Ⅲ类断面比例上升9.8个百分点，劣Ⅴ类断面比例下降0.8个百分点。[1]浙江全省地表水总体水质为优，江河干流总体水质良好。221个省控断面监测结果显示，水质达到或优于地表水环境质量Ⅲ类标准的断面占91.4%，与上一年相比，Ⅰ—Ⅲ类水质断面比例上升6.8个百分点。[2]2019年，安徽省地表水环境质量总体持续改善。监测的136条河流、36座湖泊水库共320个地表水监测断面（点位）中，Ⅰ—Ⅲ类水质断面（点位）占72.8%，同比上升3.3个百分点；劣Ⅴ类断面（点位）占1.9%，同比下降1.8个百分点。[3]

二、存在问题

凭借三省一市的共同努力，区域大气、水环境质量得到了明显改善，突出环境问题得到有效整治，环境污染的历史欠账正加速偿还。但距离全面建立生态环境共保联治体制机制的目标仍有较大差距，在区域大气污染源的联合管控，跨界河流水质和生态空间的联保共治等领域还要继续深耕，区域一体化合作机制还需深化，合作效率还需进一步提高。

（一）生态绿色发展有待进一步加强

当前区域生态安全体系仍然不够完善。长三角国土的开发强度高，导致生态空间占比总体偏低，自然保护地零散割裂分布，生物多样性减退，反映出生态系统性保护不足的问题。此外，在生态产品价值实现上，目前也缺乏

[1] 江苏省生态环境厅：《2019年度江苏省生态环境状况公报》。

[2] 浙江省生态环境厅：《2019年浙江省生态环境状况公报》。

[3] 安徽省生态环境厅：《2019年安徽省生态环境状况公报》。

成熟的路径与经验。部分地区煤炭消费总量不降反升，优化能源消费结构和发展生态绿色产业推进缓慢，能源、交通、产业、建设等各领域的绿色一体化发展有待加强，绿色消费习惯尚未形成，区域统一的绿色低碳产品标准、认证和标识体系有待建立。

（二）污染治理短板有待补齐

区域环境基础设施建设仍有欠账。城镇污水处理及配套管网、垃圾处置及收集系统等市政公用设施是目前基础设施中的短板，农村生活污水收集处理设施和农业畜禽养殖废弃物利用处置设施也亟待加强，经历了7·20郑州特大暴雨灾害事件后，海绵城市的建设更要持续加速，补短板强弱项任务艰巨。与此同时，专项治理任务长期艰巨。水环境质量改善效果仍不稳固，水生态系统退化，太湖蓝藻爆发面积大、持续时间长，污染依然严重。流域河道水葫芦打捞工作量大，上岸后沿途堆放的问题仍有发生，导致二次污染风险加大。区域以$PM_{2.5}$、臭氧为特征的区域性复合型污染问题凸显，秋冬季重污染天气仍时有发生，VOC_S专项治理任务艰巨。区域间固废危废处置能力不平衡，异地非法转移现象依旧存在，联合监管机制仍待健全。

（三）多元化市场化协作机制有待建立

区域共保联治机制尚不健全。重要生态系统和生态空间的共同保护缺乏衔接，省市相邻地区的功能标准、开发强度参差不齐，区域跨界生态空间系统性保护机制有待建立。跨界环境问题解决机制尚不完善。区域内法律法规、标准规范、执法监管体系不统一，统一开放的环保市场体系尚未形成，多元化生态补偿机制进展缓慢，区域生态环境共保共建共赢共享机制还需进一步完善。信息共享尚不充分。例如当前太湖流域水环境综合信息平台、长三角机动车环保信息服务平台已建成，已能有力支撑起太湖流域跨界河道上下游联动治理和区域重污染柴油货车专项治理行动，但同时还存在信息上传不及时、数据更新不主动的情况，手动上传的数据则在真实性上存在问号。

上述问题影响了共享平台效能的发挥，不利于区域的一体化联合监管。

第二节　长三角区域生态环境治理创新案例

在长三角生态环境治理过程中，逐渐涌现出一批卓有成效的治理创新案例，总结这些成功案例中的优秀做法，对后续的治理工作是颇有益处的。

一、“水质对赌”带来“水质反哺”——新安江跨省流域生态补偿机制

（一）基本情况

新安江发源于安徽，东入浙江，是长三角重要的生态屏障之一。由于皖浙两省经济社会发展差异、行政管理区隔等原因，上下游水资源环境需求利用和保护管理存在着不同的利益诉求，流域生态保护与治理矛盾逐渐显露。为了协调上下游发展与环境资源保护的不同诉求，皖浙两省先后开展了三轮新安江流域生态补偿改革试点，经过多年协调共治，新安江治理成果初显。2019 年，新安江——千岛湖生态补偿试验区写进《长江三角洲区域一体化发展规划纲要》，成为生态补偿机制建设的先行探索地。

图 5-1　新安江风光

（二）经验做法

在新安江流域生态保护补偿机制酝酿与实施的过程中，浙皖两省高位推动，坚持以生态补偿为核心，以生态环境保护为根本，以绿色发展为路径，以互利共赢为目标，以体制机制建设为保障的生态文明建设模式，逐步探索出一条绿水青山向金山银山转化的有效路径。

为确保试点顺利开展，财政部、原环境保护部统筹协调，制定并出台了《新安江流域水环境补偿试点实施方案》、《关于加快建立流域上下游横向生态保护补偿机制的指导意见》等政策文件，推动皖浙两省及时签订补偿协议，为试点的高效实施和整体推进提供了政策保障。每年 5 亿元的补偿资金额，中央财政出 3 亿元，安徽、浙江两省各出 1 亿元，年度水质达到考核标准，浙江拨付给安徽 1 亿元；水质达不到考核标准，安徽拨付给浙江 1 亿元；不论上述何种情况，中央财政 3 亿元全部拨付给安徽。2015 年到 2017 年，第二轮试点在“双提高”的新标下继续——三年补偿资金 21 亿元，中央资金三年仍为 9 亿元，按 4 亿元、3 亿元、2 亿元退坡的方式补助，两省每年各增至 2 亿元。

按照“保护优先、河湖统筹、互利共赢”的原则，浙皖两省积极沟通协商，联合编制了《千岛湖及新安江上游流域水资源与生态环境保护综合规划》，并经国家批准，进一步强化流域的共保共享。浙皖两省政府作为该规划实施的责任主体，分别制定并实施流域水资源与生态环境保护方案，共同承担规划目标和重点任务的落实。

杭州市与黄山市共同制定《关于新安江流域沿线企业环境联合执法工作的实施意见》、淳安县与黄山市歙县共同制定印发《关于千岛湖与安徽上游联合打捞湖面垃圾的实施意见》等文件，实现了环境监测数据、湖面垃圾信息的共享和预警，并形成定期交流、协调联动及快速反应机制，整合相关各方的环境保护合力。

2019 年，浙皖渔业主管部门在联合共保基础上，按照共建、共享、平等、互助的原则，签订《浙皖交界水域跨省渔业联合执法框架协议》。2020年1月，浙皖新安江流域跨省渔政联合执法正式启动，两地渔业主管部门每月开展不少于一次的跨区域行政执法行动，并定期通过网络互通做到两地执法信息无间隔交流共享，实现浙皖渔政执法依据统一、执法标准统一、执法文书统一、执法程序统一、处罚自由裁量标准统一。

2020年2月，杭州市、黄山市联合印发《新安江流域上下游水环境联防共保协调工作组组成人员和主要职责》的通知，决定成立由两市分管市长为双组长的新安江水环境联防共保协调工作组，以促进沟通和协同合作，共同推动生态补偿试验区建设。

图5-2　新安江源头

（三）主要成效与启示

试点以来，新安江上游水质连年达到补偿条件。黄山市及绩溪县累计获得国家补偿20.5亿元、浙江省补偿9亿元、安徽省补偿10亿元，其中黄山市共获得国家补偿18.2亿元、浙江省补偿8.4亿元、安徽省补偿9.2亿元。前两轮试点，黄山市累计实施5大类22个项目，投入126亿元推进新安江流域综合治理。试点开展以来，上游黄山市累计关停淘汰污染企业180多家，整体搬迁工业企业220多家，优化升级项目510多个，拒绝污染项目192个；在新安江干流及水质敏感区域拆除网箱6300多只，新安江歙县段水域实行全年禁捕；一体化推进农村厕所垃圾污水“三大革命”，建设农村垃圾收运、污水治理PPP项目，创新建设农药集中配送体系，开展规模化畜禽养殖整治，农业污染源得到有效防控。

“新安江模式”充分表明，要坚持用最严格制度、最严密法治保护生态环境，把完善生态文明制度作为根本保障，以健全的制度规范行为，以严管重罚倒逼落实，才能真正实现生态文明建设的长治长效。新安江流域生态补偿机制试点工作的开展，倒逼黄山市走上了艰难的绿色发展之路。近年来，黄山市摒弃“先污染、后治理”的老路，在保护中发展、在发展中保护，将释放生态红利、产业结构调整作为重要任务，探索出了生态产品价值转化的有效路径，让好山好水成为老百姓的“摇钱树”、“聚宝盆”。2012年至2017年，黄山市生产总值年均增长7.7%，财政收入年均增长6.6%；2018年黄山市地区生产总值为738.9亿元，2019年实现地区生产总值818.0亿元，增速更是达到10.7%。这充分说明了，良好的生态环境是最大的竞争力，生态环境优势也是最好的生态经济优势。

二、突破“数据孤岛”瓶颈，太湖流域构建水环境共保联治新格局

（一）基本情况

太湖流域总面积3.69万平方公里，流域总人口超6000万，分属沪苏浙皖三省一市，是长三角一体化发展、长江经济带建设等重大国家战略的交汇点，太湖流域独特的平原河网特征和经济社会发展阶段决定了流域水环境问题的复杂性，因而必须全面、系统、科学、严格地进行长期不懈的治理。

自2008年实施环境综合治理以来，太湖流域水环境得到明显改善，流域管理机构、生态环境、水利等相关部门单位在治理过程中积累了大量的水环境信息，但由于管理体制机制等方面制约，存在数据信息分割、信息应用不到位、信息资源浪费等问题，各类数据难以最大程度地发挥应有价值。

（二）经验做法

为突破“画地为牢”与“数据孤岛”的瓶颈，水利部太湖流域管理局

（以下简称“太湖局”）会商长三角区域合作办公室，长三角区域水污染防治协作小组办公室，生态环境部太湖流域东海海域生态环境监督管理局，江苏省水利厅、生态环境厅，浙江省水利厅、生态环境厅，上海市水务局、生态环境局，共建共管“太湖流域水环境综合治理信息共享平台”。此举被上海市委书记李强称为“长三角水协作信息联通的首次破冰”，并要求“建好平台、用好数据”。

水环境综合治理信息共享平台上线运行以来，实现了已有流域地区代表站、省界河湖断面、入太湖河道、水源地等水资源、水环境、水生态监测数据，各县级行政区污染物排放量和规模以上入河排污口排污量、省界水葫芦联防联控等 10 类信息资源的共建共享，其中实时共享的自动监测站 87 个，共享时间序列为 2016 年 1 月起。平台同时实现了共享信息的在线查看和地图展示，为水资源水环境水生态监管、饮用水水源地水量水质监管、太湖富营养化动态评估、太湖治理重大科技问题研究等流域综合治理与管理决策提供了第一手材料和分析数据支撑，更为高质量推进流域水环境的协同保护治理提供了强劲内生动力。

下一阶段，随着流域水环境监测标准、评价方法、监管执法的逐步统一，共享平台将进一步会同相关部门持续更新数据需求和扩大功能范围，充分挖掘数据价值，联合发布流域水环境评价信息，强化水安全风险预警能力和突发水环境事故的应急管理能力，推进跨区域生态补偿机制建立，助力建设美丽河湖，打造跨区域、跨部门水环境联防联控、水生态共同保护的“太湖样板”。

（三）经验启示

太湖流域水环境综合治理信息共享的实现，为率先实现水环境治理体系和治理能力现代化、做大做强水生态优势、夯实长三角一体化发展生态环境本底、进一步建立流域生态补偿机制打下良好基础，也为研究和解决我国跨区域水环境治理和管理提供借鉴。

机制创新是协同推进水治理体系与治理能力现代化的必然要求。太湖流域水环境治理已有十多年，水环境信息共享需求一直存在却又难以实现共享的主要原因是部门分割和区域壁垒，要破解水治理与管理这一历史难题，实现跨界融合、系统治理，构建体系完备、科学规范、运行有效的流域综合管理体制机制事关重要。太湖流域水环境综合治理信息共享平台建设的“破冰之举”，成为水环境协同治理模式与联合管理机制的创新，为加快推进水信息标准化、部门协作常态化、区域合作规范化进行了探索，助力太湖流域形成上下游衔接、左右岸联动、标准一致、部门协同的水环境治理制度体系，提升了水治理体系和治理能力的现代化水平。

“智慧太湖”建设是水环境信息共享的基础。太湖局作为水利部的派出流域管理机构，所辖行政区涉及江苏、浙江、上海、福建、安徽五省市，自2008 年实施国务院批复的《太湖流域水环境综合治理总体方案》起，就开始谋划水环境综合治理的信息化管理和“智慧太湖”建设，长期的监测数据积累和跨界水事协调能力，为在短时间内顺利建成由流域内多区域、多部门协作的水环境信息共享平台打下了良好的基础。“智慧太湖”建设是共享平台的基础，共享平台又是“智慧太湖”建设的重要组成部分，为信息平台的共享标准制定、基础设施建设、数据资源管理、专业技术支持等提供了全面支撑。

三、长三角区域跨域涉水项目联合审批机制探索新路径

（一）基本情况

青浦区东航路（江苏省界—沪青平公路）—吴江区 X352 沪莘线（康力大道）新改建工程西起 X352 与 S457（汾湖大道）交叉处，沿着规划线路向东延伸，在元荡河口跨越元荡，与上海段东航路相接，工程全长约 2.27 公里，新建元荡桥为跨江苏、上海的跨域桥梁。该工程建设的目的是加强江苏省与上海市的高等级跨省通道联系，集散 G50 沪渝高速公路的交通，提高青西地区对外交通辐射的能力，提升环淀山湖地区环境品质，对促进长三

角一体化发展具有重要的作用和意义。该工程为长三角区域第一个跨域涉水项目，从落实示范区一体化制度创新和行政审批制度改革优化营商环境等角度，坚持依法合规、便民高效原则，由示范区执委会牵头，上海市水务局、苏州市水务局共同研究形成了长三角区域跨域涉水项目联合审批、共同监管新模式。2020 年 7 月 13 日，上海市水务局、苏州市水务局共同发出长三角生态绿色一体化示范区第一份跨域涉水项目联合审批决定书，这份具有重要意义的文书编号为“SFQS20200001”。

（二）创新做法

为了更好推进行政审批手续的办理，上海市水务局从行政审批的受理—办理—送达等环节制定了一套跨域涉水工程的审批文书，包含《补正材料收件凭证》《补正材料通知书》《受理通知书》《联合现场核查笔录》《许可决定书》等文书，该套审批文书经与示范区执委会、苏州市水务局专题会讨论后确定，为制定跨域涉水工程审批文书奠定了规范的基础。

不同于以往建设单位要提供办事指南清单上所有申请材料方可受理的模式，上海市水务局为该项目开辟了容缺受理的新模式。在建设单位准备申请材料的同时也能进行行政审批的同步办理，进一步提高了行政审批的效率。

2020 年 6 月 18 日，上海市水务局、苏州市水务局共同对该项目开展了联合审批。示范区执委会、青浦区水务局、吴江区水务局及项目参建方出席本次会议。会上，上海市水务局、苏州市水务局联合踏勘了元荡湖桥梁工程建设现场，同时邀请了上海市、江苏省的水利行业专家共同对该项目的防洪评价报告进行审查，确保该防洪评价报告均能符合上海、江苏两地相关技术标准。

通过专人跟踪服务，上海市水务局指导建设单位在短时间内先后完成防洪评价报告、涉河方案等材料的组织申报，并第一时间会同苏州市水务局在《长三角生态绿色一体化发展示范区跨域项目水务行政许可联合审批表》上联合出具行政审批办理意见，作出该项目准予许可决定，准予许可决定上由上海市水务局、苏州市水务局联合盖章。在工程审批完成后，根据职责将由上海市水务局、苏州市水务局共同履行后续监管，确保区域防汛安全。

（三）主要成效

新建元荡桥工程形成了长三角区域跨域涉水项目联合审批、共同监管的新模式。由一方水行政主管部门牵头，实行一口受理、一口发放决定书的行政审批流程；审批过程中，由一方牵头组织共同踏勘、方案审查；审批完成后，根据职责双方共同履行后续监管。通过此模式，实现建设单位只跑一地就能办理跨域涉河手续，极大简化了手续程序、提升了审批效率。

通过跨域涉水项目的联合把关，在确保工程本身不影响防汛安全的前提下，为跨域项目的高效建设提供了有力的支撑及便利。跨域桥梁的建成，连通上海、江苏、浙江三地，大大增强区域交通出行的通达性、便利性。

长三角区域水行政主管部门间的协同合作得到了进一步促进。一直以来，上海、江苏、浙江涉水工程的行政审批模式存在一定的差异，而太湖水域的特点又决定了两省一市的水行政部门在工作上必然会有很多的交集，通过此次创新模式协同办理长三角区域的跨域涉水项目行政审批，极大地促进了长三角区域水行政主管部门间的交流合作，从而实现项目协同一体化，开创“共商、共建、共管、共赢”新局面，共同推进长三角区域项目更好地落地实施。

四、岸电应用港区试点探索长三角中高压岸电使用新局面

（一）基本情况

船舶岸基供电技术，是一项替代性解决靠港船舶大气污染的控制技术，是国家“十三五”期间重点推广的措施，也是港口行业践行生态文明建设的具体举措。

我国自 2010 年首次采用高压岸电系统开始，交通运输部先后出台关于岸电的一系列政策措施、指导意见和标准等文件，对岸电推广建设和应用作

了明确要求，同时也在岸电布局规划、标准规范、技术试点、技术研发、资金扶持以及宣传培训等方面作了大量工作，上海市、浙江省、江苏省以及长三角区域部分港口城市也出台了地方性岸电补贴支持政策。在交通运输部和地方政府对绿色港口建设和船舶防污染工作的高度重视下，相关建设补贴资金落实到位，码头岸电项目也能按照港口规划要求进行布局建设，我国岸基供电技术应用也获得积极推进。然而，船舶岸电建设在取得长足发展的同时，部分隐忧也开始凸显，其中最大的问题是建成以后的船舶岸电使用率不高，相当比例的岸电甚至长期“待岗”，处于闲置状态。

目前，造成岸电使用率低的主要原因有以下几点：一是高压岸电需要码头现存有大容量的电源供应，部分码头的大容量电源数量与建成岸电数量不匹配；二是大型船舶用电多数按照国际标准为 60 赫兹，需要变频和变压，使得高压岸电连接使用存在一定复杂性与危险性；三是港口和航运双方因为经济效益不明显，甚至需要增加投入，而导致使用岸电的意愿低；四是船舶岸电系统船载装置的建设数量少限制了岸电应用。

（二）创新做法

为了更好地解决岸电在应用推广中的三大难题，率先探索解决中高压岸电在使用过程中面临的瓶颈问题，并尝试“岸电使用成本分摊机制”商业模式新格局，即“政府补贴一部分、电价优惠一部分、设备供应商和投资商让利一部分、码头企业负责一部分、航运企业承担一部分”的新模式。2018 年 5 月 18 日，上海组合港管委办牵头在长三角范围内的吴淞国际邮轮港（码头）、洋山冠东码头、南通港集团通海港区、宁波舟山港集团穿山港区四个码头设立“岸电应用试点港区”。配合试点港区的建立，上海组合港管委办牵头开展《长三角区域推进岸电应用政策研究》，通过梳理长三角区域靠港船舶使用情况，梳理国内外重要岸电补贴政策，理清岸电补贴政策、鼓励性政策以及强制性政策对岸电应用比例间的关系，研究各岸电应用典型港口推进岸电应用政策的背景、具体实施过程，客观评价政策成效，以借鉴国外先进的管理经验，以国际化视角审视当前长三角区域推进岸电应用政策，探索适合长三角区域具体情况的推进岸电应用政策建议，促进长三角区域岸电推进与应用。通过试点港区与配套政策的组合拳，提高船舶靠港时的岸电使用率，促进长三角区域绿色港口建设，持续改善长三角港口城市群的空气质量。

目前已批准建立的四个“岸电应用试点港区”特点各不相同，运行一年多时间以来，在岸电推广应用方面既有一些成功的经验，也存在一定的共性难点问题，上海组合港管委办积极组织试点港区效益分析，重点包括技术方案、建设情况、运营管理、减排效益等内容，总结提炼试点过程中存在的问题，提出相关政策、标准、机制等方面的建议，从而为进一步推动港口岸电发展与应用创造条件，为区域内港航主管单位制定促进岸电应用政策措施提供理论依据。

（三）主要成效

“岸电应用试点港区”的设立，进一步发掘出中高压岸电在港口中使用的困难和问题，通过探索“中高压岸电使用成本分摊共赢”的新机制，减轻船东负担，提高码头建设、应用的积极性，理顺岸电费收机制，加强组织实施，强化经验总结，健全相关规范、规则、技术支撑体系、统计监测体系和操作规程等，构建使用保障体系，促进了靠港船舶中高压岸电的使用率。

五、太浦河水资源保护协作机制打造长三角协同治污的样本

（一）基本情况

太浦河西接烟波浩渺的东太湖，东注碧波粼粼的黄浦江，将上海市青浦区、江苏省苏州市吴江区、浙江省嘉兴市嘉善县三地紧密串联。随着长三角生态绿色一体化发展示范区的揭牌，由太浦河串联起来的青浦、吴江、嘉善，构成了长三角一体化发展“样板间”。经过多年合作努力，两省一市毗邻地区摸索建立了一系列生态环境保护协商机制，为绿色长三角建设打下坚

实基础，太浦河水资源保护协作机制的建立有效提升了太浦河沿线水质及饮用水安全保障程度。

太浦河全长 57.2 公里，其中江苏苏州吴江段 40.5 公里，浙江嘉兴嘉善段 1.46 公里，上海青浦段 15.24 公里，是流域安全行洪的“高速通道”和水资源配置的“清水走廊”。太浦河沿线设有太浦河金泽水源地和太浦河嘉善平湖水源地，现状取水规模 506 万立方米 / 日，规划取水规模 745 万立方米 / 日，分别承担向上海市西南五区及浙江省嘉善县和平湖市的供水任务，供水人口近 810 万人。近年来，太浦河干流锑浓度超标事件常有发生，威胁到上海市和嘉兴市的饮用水安全。

为进一步加强太浦河水资源保护，做好水质监测预警，深化信息共享，及时开展水污染应急联动，有效应对太浦河水质异常情况，共同保障太浦河水源地供水安全，2015 年 11 月，水利部太湖流域管理局在水利部的支持下，组织召开座谈会，与江苏、浙江、上海等地方有关部门就建立太浦河水资源保护省际协作机制达成共识。2017 年 11 月，水利部太湖流域管理局组织召开太浦河水资源保护省际协作机制第二次会议，审议通过了《太浦河水资源保护省际协作机制——水质预警联动方案（试行）》，构建了协作机制基本框架。

（二）创新做法

随着 4G、5G 网络覆盖率的不断提升，现代通信网络的普及大大强化了预测预报的即时性。太湖局各成员单位分别确定一位负责人和一位联络员，建立了水质预警微信工作群，在微信群中实时安排相关工作。通过微信工作群，相关单位及时发布了杭嘉湖区连续强降雨预报和监测数据、太浦闸（泵）调度调整信息、太浦河应急水质等监测数据；及时共享水质监测数据、水源地保护和污染源防控工作情况，以及其他水质预警相关信息。此外有关成员单位将太浦河干、支流上所建水质、水量自动监测站监测数据接入水利部太湖流域管理局系统，为开展水质预报预警、实施水资源调度提供了基础支撑。

有了实时的预测预报，应急处置协作机制也必不可少。当预警启动后各成员单位立即增加监测频次，根据工作需要增设监测断面，并及时将应急监测结果上传至微信工作群；吴江、嘉善等地环保部门立即上报当地政府，实施限产预告、限产和停产等措施；太湖局按照《太湖流域洪水与水量调度方案》开展水资源应急调度，在满足防汛要求的前提下，实施闸泵联合调度，加大太浦河下泄流量，增加清水供应，同时各地水利（水务）部门配合做好应急调度工作；嘉善和上海两地供水部门加大取水口水质监测频率并适时启动应急预案保障供水安全。当太浦河干流预警监测断面——金泽（界标）的水质数据 24 小时内好于饮用水源标准值，锑浓度回落到 4 微克 / 升及以下，且太浦闸稳定开启时，停止水质预警。

图 5-3　疏浚后的太浦河

（三）主要成效与启示

2019 年汛期，受局部地区台风和区域降雨影响，特别是在“利奇马”、“米娜”等台风影响期间，太浦闸多次倒流关闸。为避免可能发生的太浦河锑浓度异常事件，在确保防洪安全的前提下，太湖局与流域有关省市 6 次调度太浦河泵站应急供水，累计供水 495.5 小时，供水 1.08 亿立方米；同时会同有关部门、地区下达执行了限产、停产措施。太浦河水源地水质基本未受影响，有效保障了太浦河水源地供水安全。

据统计，2014—2017 年几乎每年都有因太浦河锑浓度异常影响水源地供水安全的事件发生。太浦河水资源保护协作机制启用以来，2018—2019 年先后 15 次启用太浦河泵站应急供水，太浦河干流主要水质指标迅速由Ⅲ—Ⅳ类转变为Ⅱ—Ⅲ类，并成功化解了锑浓度异常威胁，太浦河沿线水质及饮用水安全得到有效保障，城市饮用水源质量得到进一步提升。

2020 年，示范区重点跨界水体联保专项方案，太浦河水源地保护、一体化生态环境综合治理、一体化示范区监测信息共享，协调统一“一河三湖”环境要素功能目标、污染防治机制及评估考核方案等工作全面推进，对太浦河水资源保护相关工作提出更高的要求。全面深化太浦河水资源保护协作机制，总结推广跨区域、跨行业应急联动机制，为率先实现水治理体系和治理能力现代化、做大做强水生态优势、夯实长三角一体化发展生态环境本底、实现长三角地区合作共赢等打下较好基础，也为研究和解决我国跨区域水污染协同治理和管理提供借鉴。

开展联防联控是共同防范和应对跨界环境污染的必然选择。对于上游吴江来说，太浦河是重要的泄洪通道，但是对于下游的嘉善、青浦两地来说，太浦河还是重要的水源地，两地分别在这里设置了饮用水的取水口，是当地人民的“大水缸”。因此，太浦河的水质牵动着三地人民的心。受传统产业结构影响，太浦河沿线纺织印染业发达，生产过程中排放大量印染废水，并随污水排放进入周边河网，导致锑污染事件时有发生。“污染在水里，根子在岸上”，只有开展跨区域应急联动，强化联防联控，才能切实做好太浦河水资源保护工作。

信息互联互通是深化协作机制的基础保障。2017 年太浦河水资源保护协作机制建立以来，多次成功化解了锑浓度异常威胁，水源地供水安全得到保障，主要得益于上下游水质监测、水雨情、工程调度运行等信息的互联互通，在此基础上，各地迅速采取响应行动有效应对，及时化解风险。因此，有必要进一步建立健全太浦河沿线监测断面，完善管控指标体系，加强太浦河沿线水资源、水环境监控信息（尤其是锑浓度监测信息）的互通、共享力度，迅速、及时、有效应对太浦河水体锑浓度异常等突发水污染事件，保障饮用水水源地安全。

六、长三角共用“一把尺”实现区域生态环境行政处罚裁量基准一体化

（一）基本情况

《长江三角洲区域一体化发展规划纲要》明确提出健全区域环境治理联动机制，联合发布统一的区域环境治理政策法规及标准规范，《长三角生态绿色一体化发展示范区总体方案》要求统一环境监管执法，制定统一的生态环境行政执法规范，以“一把尺”实施严格监管，推进联动执法、联合执法、交叉执法。2019 年 9 月下旬，沪苏浙皖生态环境厅（局）就加强长三角区域生态环境执法统一、共同推进长三角区域生态环境行政处罚裁量一体化工作达成合作共识。2020 年 6 月 6 日，沪苏浙皖生态环境厅（局）共同签署了《协同推进长三角区域生态环境行政处罚裁量基准一体化工作备忘录》，用于指导沪苏浙皖生态环境行政处罚裁量基准工作的开展。2020 年 7 月底，沪苏浙皖各自出台生态环境行政处罚裁量基准规定规范性文件，真正实现了长三角区域生态环境行政处罚裁量基准的同步制定、同步发布、同步实施。

（二）创新做法

在长三角区域探索裁量基准一体化，强化协同和融合，持续推动长三角生态环境保护联动协作不断走向深入，是彰显长三角区域高质量发展的政策突破与方式创新的重要路径。

三省一市生态环境执法部门积极建立生态环境执法协同的组织机制，2019 年 9 月成立联合专项工作组。通过与长三角大气和水污染防治协作小

组办公室的对接，构建国家指导、地方主导、区域协作、部省协同的工作机制，全过程推动长三角区域生态环境处罚裁量基准监管协同。

长三角生态绿色一体化发展示范区充分发挥了标杆引领作用。根据《长三角生态绿色一体化发展示范区总体方案》，示范区内率先制定了统一的生态环境行政执法规范，在示范区内统一执行共同商定的裁量表，先行实现示范区内裁量基准标准一体化。

生态环境保护的联动协作效应逐步深化显现。2018 年以来，长三角区域生态环境部门持续开展大气和水污染防治互督互学、跨界环境污染纠纷处置工作，在长三角区域实行统一标准的生态环境行政处罚裁量基准，为联动执法、联合执法、交叉执法提供重要法制保障，推动长三角的生态环境联合治理迈入新阶段。

（三）主要成效

沪苏浙皖生态环境厅（局）通过协同努力，共同制定一个依法规范、科学合理的生态环境行政处罚裁量基准规定，并在长三角区域同步实施，实现了长三角区域生态环境行政处罚裁量基准统一，充分发挥长三角区域一体化指引方向、规范标准、提升效能的重要作用，不断完善生态环保政策制度体系，不断健全生态环保法律法规体系，不断深化生态环保体制机制改革，全面提升长三角区域生态环境治理能力现代化水平，为国家环境治理体系现代化建设探索新路、积累经验、提供借鉴，同时为区域环境治理的实践命题给出了良好的解答，为区域一体化建设和治理提供样本、经验和方案做出了重要贡献。

第三节　强化区域生态环境共保联治总体思路与对策建议

从上述两节可见，长三角生态环境协同治理，成果是显著的，前途是光明的，道路也不会是一帆风顺的，因此要坚持生态保护优先、加快绿色低碳转型的总体思路，持续加大环境污染联防联治力度，发挥治污降碳协同效应，促进区域生态环境品质持续提升，合力建设人与自然和谐共生的美丽长三角。

一、强化区域生态环境共保联治总体思路

（一）共推绿色低碳发展

上海已经提出要率先在2025年实现碳达峰，因此要积极优化能源结构，大力发展可再生能源，稳步提升可再生能源在能源消费总量中的占比。在生活生产中要始终秉承生态优先、绿色发展的理念，积极发展“绿色生态+”经济，积极推动绿色低碳交通，持续开展新能源汽车推广。同时加快产业低碳转型，建立起绿色低碳循环的产业体系。此外，可以积极通过微博、微信公众号、抖音等新媒体大力宣传生活方式绿色化，倡导绿色出行、绿色消费。进一步植树造林，扩大市民身边的绿地面积，既为城市增添靓丽风景线，也能增强生态系统碳汇能力。

（二）共同加强生态保护

长江三角洲位于长江的出海口，生物种群尤其是鱼类资源丰富，生态系统敏感又脆弱，因此要积极构建区域生态安全格局，守好生态保护的红线，守住自然生态的安全边界，尤其是要联合抓好长江“十年禁渔”工作，让“水上不捕、市场不卖、餐馆不做、群众不吃”的社会氛围成为共识。同时以共同打造具有全国影响力的长三角绿色生态品牌为抓手，持续推进生态农业发展。生态廊道是强化与修复生态系统的有力手段之一，良好的生态廊道是众多野生动物的庇护场所，因此可以重点打造一批生态廊道、生态保护带，维护好区域生物多样性。

（三）共治跨界水体污染

长三角流域是重要的水源地，关系着数亿人的用水安全，因此要持续打好长江经济带生态环境突出问题整改歼灭战。加强长江出海口海洋生态系统的保护，持续推进“蓝色海湾”综合治理工作，让“蓝色海湾”成为一道靓

丽的风景线。同时开展新一轮太湖水环境综合治理工作，着重加强重污染行业治理，推进流域产业布局的调整升级，以“减磷控氮”为重点推进太湖流域城镇污水处理工作。随着厄尔尼诺等现象的持续发生，近年来极端灾害天气发生的频率呈上升趋势，因此要持续推进海绵城市的建设，加强重点省际水利工程建设，完善区域再生水循环利用体系，持续改善跨界水环境质量和水生态功能。

（四）共治区域大气污染

近年来大气污染治理成果显著，蓝天白云抬头可见，因而更要乘胜追击，积极巩固大气污染治理的战果，加快重污染落后产能的淘汰，推动绿色产业发展，形成一批科技含量高、资源消耗低、环境污染少的绿色产业集群。同时继续深化长三角区域大气移动污染联控协作，加强监测预警及应急联动，加大交通领域机动车污染的控制，大力推广新能源车船。由于 $PM_{2.5}$ 和臭氧在生成机制上的联系，要持续推进 $PM_{2.5}$ 和臭氧污染“双控双减”，推动挥发性有机物、臭氧和颗粒物协同治理，使得区域环境空气质量进一步改善。

（五）协同固废利用处置

如今垃圾分类已逐渐成为人们生活中的习惯，在普及垃圾分类意识后，后续要进一步提升垃圾分类投放的便捷性，强化激励约束机制。除了生活垃圾以外，固废危废也是城市中非常需要重视的垃圾，以“无废城市”建设为契机，共建共享固废利用处置设施，统筹工业和其他固体废物管理，以“减量化、资源化、无害化”为导向，探索建立协同处置机制、资源共享机制和应急处置机制。危废的管控难点在于跨区域非法倾倒，因此要注重协同打击，推动危废转移处置联合监管，建立健全危险废物集中统一收集转运体系，全面推行危险废物转移电子联单，实现区域间固体废物和危险废物管理信息互联互通。

（六）共建环保协作机制

环境信息系统共建共享是建设数字城市的一大关键任务，依托政务服务

“一网通办”、城市运行“一网统管”，实现生态环境审批和服务事项全程网上办理。同时，借助于物联网系统，建设覆盖全要素、全区域、全领域的生态环境智慧监测网络。进一步推进环境保护与污染治理标准一体化，重点聚焦制药、化工等污染防治攻坚战重点领域。进一步完善环境监测系统，提升区域环境污染问题发现能力。以“新安江模式”为范例积极推广，以此建设市场化多元化生态补偿机制，推进排污权、用能权、用水权、碳排放权市场化交易。加快环境领域科技联合攻关，做大做强区域环保产业。加强环境突发事件应急管理，深化区域应急联动机制建设。

二、强化区域生态环境共保联治主要对策建议

（一）绿色低碳发展对策建议

一是要持续优化能源结构。我国已经提出力争在2030年前实现碳达峰，2060年前实现碳中和。长三角要在保障经济发展的同时，力争率先实现碳达峰，压力无疑是很大的。因此要在能源结构上做好文章，安全高效发展核电，鼓励发展天然气分布式能源，适度发展清洁煤电，提高外来电可再生能源占比，加快电能替代提高电气化水平。构建布局合理、功能完善、民生优先的综合供能服务网。探索推进长三角区域能源利用标准体系建设，推动区域协同绿色供应链建设。梳理一批适用于长三角产业发展的绿色技术和产品，组织推介会、展示会等进行重点推广应用。

二是要推动交通运输低碳创新。有统计数据显示，交通业的碳排放量占全国终端碳排放15%左右，且年均增速超过5%，因此推动交通运输行业碳排放创新是非常有必要的。要加快海港专业化泊位和内河码头岸电设施建设，提高岸电设施覆盖率和使用率。引导淘汰、改造安全和环保性能较差的船舶，提升船舶绿色环保水平。同时加强新能源车辆的推广力度，加快布设新能源终端和智能电网设施。

三是积极推动产业绿色发展。长三角一直是我国的制造业龙头区域，但

是与之对应的是能耗与排放也居高不下，因此要加快产业低碳转型，建立绿色低碳循环的产业体系，狠抓重点行业和重点用能企业节能降耗，持续淘汰落后产能和“两高”行业低端低效产能，开展重点用能企业节能行动、重点行业能效领跑行动。结合绿色工厂、绿色园区建设，开展“零碳”单位示范创建，选择并推动一批重点行业率先实现二氧化碳排放达峰。加强绿色制造科技创新。发挥企业主体作用，鼓励产学研紧密合作，建设绿色制造创新平台，围绕制造业发展中面临的突出问题，着力解决一批节能降耗、清洁生产、废弃物再生利用的关键、共性技术。发展节能环保产业，推进重点行业和重要领域绿色化改造。加强推进节能环保技术服务平台建设，面向包括中小企业的各类制造业企业绿色发展提供支撑。

（二）加强生态保护对策建议

一是积极构筑区域生态安全格局。长三角区域作为长江的出海口，湖泊水系发达，同时由于历史发展等因素，区域生态较为脆弱，因此要强化生态环境空间管控，严守生态保护红线，守住自然生态安全边界。严格建设项目环境准入。协同推进生态保护红线评估和勘界定标，持续开展区域生态状况变化遥感调查评估，探索推进重点区域、流域及其敏感区域受损破坏重要生态系统的整体保护、系统修复、区域统筹、综合治理的路径。推动河湖生态保护和修复，加强重点江河源头区和现状水质优良江河湖泊的水生态系统整治、保护和评估。

二是加强自然生态空间保护。持续推进生态农业发展，实施化肥农药减量增效，扩大绿肥种植面积，继续推进有机肥替代化肥。持续推进病虫害绿色防控技术。持续推进秸秆和蔬菜废弃物综合利用。进一步完善农药包装废弃物回收处置体系，回收率保持在 100%，年处置率达到 100%，开展安全可控替代产品及全生物可降解地膜与黄板的推广应用，基本实现废旧农膜和黄板全量回收。推进畜禽粪污资源化利用。湿地有“地球之肾”的美称，对调节区域径流，改善水质有着非常重要的影响，因此要维持长三角区域湿地总量的稳定，聚焦重点区域，加强新生湿地培育、保育和生态修复，确保湿地总量不减少。着力强化自然保护地体系建设。构建以国家公园为主体的自然保护地体系。统筹推进山水林田湖草系统治理，严格保护跨省界重要生态空间，共同打造具有全国影响力的长三角绿色生态品牌。

三是推进生态修复和生态廊道建设。长三角区域的一大特点是城市众多，因此打造链接各城市的生态廊道对于区域生态修复具有重要意义，重点打造长江、新安江等生态廊道，开展全线两岸植绿复绿，启动大都市圈绿道网络实施计划，持续推进滨水廊道及两岸绿道建设。深化林业重点领域改革，全面推行林长制。按规划持续拓展造林空间，重点打造环廊森林片区。同时，继续推动市级重点生态廊道建设，依托一般农用地实施农田林网等公益林建设。统筹海岸带和近岸海域生态修复，建设钱塘江、大运河、杭州湾、环太湖等沿江沿海重要生态保护带。

四是维护好生物多样性。生物多样性是大自然赋予人类的一大宝库，在发展城市的过程中也要积极保护好区域的生物样本库。据统计，长江流域内共有鱼类 424 种，其中长江流域特有种达到 162 种，超过国内鱼类特有种总数的一半，由于多种因素，当前长江的生物完整性指数到了最差的“无鱼”等级，受威胁物种的比例也达到了全国受威胁鱼类物种总数的 1/4 以上。因此，要联合抓好长江“十年禁渔”重点工作，并构建长江禁捕退捕长效管控机制，推进长江水生生物多样性恢复。联合开展生物多样性本底调查和评估，完善区域重点保护物种名录，加强信息共享，共建生物多样性保护网络。同时严控外来入侵物种。支持在公园绿地改造中优先选择本土植物，合理配置生态空间，营造适宜生境，丰富生物多样性。加强生物多样性保护宣传与监测，维护生态安全和公共卫生安全。

（三）共治跨界水体污染对策建议

一是保护好重要水源地。根据最新的人口普查数据，2020 年长三角区域常住人口达到 2.35 亿，承载着超过全国 16% 的人口，水源安全无疑是极为重要的。因此，要打好长江经济带生态环境突出问题整改歼灭战。深入推进城镇污水垃圾处理、化工污染、农业面源污染、船舶污染和尾矿库污染等生态环境污染治理工程，推动长江生态环境问题标本兼治。完善长江沿岸突发环境事件信息共享机制。建立长江干流及重要支流联防联控机制。开展长三角区域重要水源地生态环境安全评估，推进饮用水水源地规范化建设，划定饮用水水源保护区，规范保护区标志及交通警示标志设置，建设一级保护区隔离防护工程，加强重点饮用水源地保护，持续优化水源地空间布局，加快县级以上行政区实现应急备用水源建设全覆盖，完善饮用水水源地长效管护机制。加强水源涵养，严格控制污染，推进生态保护和修复，在重要饮用水水源地率先开展生态缓冲带建设。

二是推进“蓝色海湾”综合治理。海洋是另一大生态资源宝库，长三角拥有漫长的海岸线，理应成为一道亮丽的风景线，因此要持续加强海洋生态系统保护。全面加强近岸海域污染防治，严格控制陆域、海域污染物排放，实施陆源污染物达标排海和排污总量控制制度，加强流域海域联防联控，建立陆海统筹、江海联防的海洋环境污染综合防治机制。实施海岸线整治修复行动，强化沿海滩涂湿地、重点港湾湖库、海域海岛及海岸线的生态修复。综合整治主要入海河流，全面清理整治非法排污口，“一口一策”建立工业直排海污染源管理档案，持续加强长江口、杭州湾等河口海湾整治。研究建立跨区域、跨部门的河口海湾生态环境保护协调合作机制。提高海洋生态环境应急监测能力，强化应急人员与资金配备。宁波一舟山港是我国重要的油气运输港口，一旦运输船只发生溢油事件，将会对海域水生生物和鸟类造成毁灭性的打击，因此要加强海上溢油及危化品泄漏风险防范和应急响应技术支撑，完善危化品运输和船舶污染事故信息通报制度。

三是开展重点跨界河湖综合治理。长三角水系发达，跨界河湖数量众多，也给综合治理提出了更高的要求。建议探索建立跨界水体联合河长、湖长制，搭建示范区河长制湖长制协作平台，加强跨界水体日常监督管理，推进河湖综合整治、重点项目协调。持续开展省市界河联动整治，实施完成重点跨界河道整治，加快完善城镇污水管网修复改造，实现城镇污水管网全覆盖，污水收集率显著提高。推进海绵城市建设，完善区域再生水循环利用体系。推进农村生活污水处理工程建设和已建设施的提标改造，建立健全农村生活污水处理设施长效运维机制。推动建立统一的长三角生态绿色一体化发展示范区水土保持监管和执法标准体系。制定实施加强长江经济带、京杭大运河、新安江—千岛湖、太湖、太浦河等重点跨界水体联保专项治理方案，统筹水环境、水生态、水资源、水安全，加强上下游、左右岸、干支流协同治理。

（四）共治大气污染对策建议

一是加速淘汰重污染落后产能。建议突出重点区域调整，重点推进传统园区整体转型调整。分步分类鼓励、推动具备条件的园区外优质化工企业搬迁进入合规工业园区。鼓励使用低毒低害和无毒无害原料进行替代。制定一批工业资源综合利用产品标准和技术规范，推进长三角及周边地区行业团体标准、地方标准和技术规范等共同参与编制和互认。同时加快推动绿色产业发展，形成一批科技含量高、资源消耗低、环境污染少的绿色产业集群。针对传统企业集群，根据集群特点实施源头替代或优化整合，推进清洁化企业集群建设；针对智能制造与先进制造业集群，严格环保、能耗、水耗、清洁运输要求，打造示范性绿色产业集群。

二是实施 $PM_{2.5}$ 和臭氧污染“双控双减”。从生成途径来看，大气中的臭氧和 $PM_{2.5}$ 中的前体物类似，都包含 NO_x 和 VOCs，臭氧与二次颗粒物生成呈现一定的正相关关系。其次，多种光化学反应也增强了臭氧与 $PM_{2.5}$ 的关联性，因此从科学治理的角度来看，$PM_{2.5}$ 和臭氧污染“双控双减”是非常有必要的。建议加快推进挥发性有机物、臭氧和颗粒物协同治理，科学谋划、动态更新重污染天气应急减排清单，探索开展中轻度污染状态管控工作。提高污染物排放标准，推动大气主要污染物排放总量持续下降。加强重污染天气应急联动，统一区域重污染天气应急启动标准，降低污染预警启动门槛。联合开展区域内重大活动空气质量保障。全面加大工业园区、企业集群和重点企业 VOCs 治理力度，实现 VOCs 集中高效处理。

（五）协同固废处置对策建议

一是加大力度推广生活垃圾分类。近年推广垃圾分类以来，成效颇丰，但在推行过程中也暴露出一些实际问题，建议合理设置垃圾投放容器及投放点，提升垃圾分类投放便捷性，强化激励约束机制。强化厨余垃圾资源化处理，借助“一网统管”平台，优化餐厨废弃油脂管理，持续提高不可回收类垃圾末端处理能力。加快完善垃圾分类收集站点，优化配备垃圾分类运输车辆、强化垃圾分类收运管理，完善可回收物收运管理，规范有害垃圾分类收运，加强有害垃圾规范处置；加快推进可回收物循环利用，搭建长三角再生资源回收与末端资源化利用企业的互联互通平台，加强对回收品种、数量和物流的监管。

二是共建共享固废利用处置设施。科学规划、合理布局固废利用处置设施，着力补齐工业固体废物、建筑垃圾、危险废物等收集处理设施短板，提升固体废物利用处置能力。持续推进“无废城市”、资源循环利用基地、大宗固废综合利用基地建设。以“无废城市”建设为契机，统筹工业和其他固体废物管理，加强塑料等白色污染治理，打造长三角“无废城市”群。以“减量化、资源化、无害化”为导向，探索建立协同处置机制、资源共享机制和应急处置机制，建立完善生活垃圾等固体废物跨区域处理生态补偿机制。

三是联合监管危废转移处置。探索制定长三角区域危险废物转移协作和执法联动机制，全面推行危险废物转移电子联单，实现区域间固体废物和危险废物管理信息互联互通。加强危险废物医疗废物收集处理，探索建立危险废物跨省转移白名单制度。全过程严格监管固废危废跨区域转移行为，严厉打击固废危废非法跨界转移、倾倒等违法犯罪活动。持续开展打击固体废物环境违法行为专项行动，重点推进以废弃危险化学品等危险废物为重点的专项治理。建立健全区域间重大案件会商、联合挂牌督办和联合打击制度，完善和落实有奖举报制度、源头管控制度和网格化监管制度，加强“行刑衔接”，形成强力震慑。

（六）协力生态保护对策建议

一是推动环境信息系统共建共享。建立生态环境与气象基础设施共建、监测数据共享机制。建设重点流域水环境综合治理信息平台，建立健全跨界断面水质联合检测和水环境质量信息共享制度。建设覆盖全要素、全区域、全领域的生态环境智慧监测网络。开展排污单位污染排放监测与用能监控联动试点。制定交界区域联合监测机制，对废水、废气排放企业定期开展联合监测、联合采样，每月进行信息交换。加强区域生态环境信息化能力建设，大力发展智能感知和智慧监测，积极推进5G、物联网、区块链、传感器、人工智能等新技术在生态环境监测监控业务中的应用。

二是推动市场化多元化生态补偿机制建设。从上述新安江案例可以看到，补偿机制既保护了水质，又提升了经济发展水平，可谓是一举两得。因此，要以新安江为榜样，健全重点领域生态补偿机制，推动公益林、湿地、耕地、环境空气质量等生态补偿工作取得突破性成效。推动新安江—千岛湖生态补偿试验区、淳安特别生态功能区建设，探索建立太湖流域生态补偿机制。加快实现由单一财政资金补偿向市场多元化领域拓展，全面推行流域上下游横向生态补偿机制。完善生态保护成效与资金分配挂钩的激励约束机制，推动土地、矿产资源有偿使用，推进排污权、用能权、用水权、碳排放权市场化交易。落实好重点水域禁捕补偿制度。

三是推动环境领域科技联合攻关。科学技术始终是第一生产力，建议加快推进污染防治科技创新研发，推动国家重点研发计划科研成果在长三角区域的集成示范，依托长三角科研院所资源，深化长三角地区生态环境联合研究中心建设，推动科研资源共享、人才培养、技术成果转化等合作，共建科技资源开放共享平台。探索环保科技成果转化新机制，做大做强区域环保产业。联合推进区域有毒有害物质、恶臭物质治理等基础研究，开展臭氧污染成因与治理路径等攻关研究，加强低碳发展及节能环保技术的交流合作。

四是强化环境突发事件应急管理。持续完善跨区域、跨部门的突发环境事件应急协调机制，加强环境应急处置队伍的建设。建设区域集成共享的物资装备信息管理系统，推动区域环境应急物资装备储备统筹共享。建设区域环境应急实训基地，依托水处理、危废利用处置、环境检测等环保技术企业，发展培养一批第三方应急处置专业队伍，提高应急队伍处置能力。加快建设应急救援基地，深化区域应急联动机制建设。

第六章

促进公共服务便利共享
一体化发展成果惠及全体人民

推动长三角地区公共服务便利共享，是长三角一体化发展的必然要求。近年来，三省一市持续推动公共服务一体化，在人力资源、教育医疗、社会保障、旅游养老等方面加强合作，取得了阶段性的合作成果，但也面临着政策和标准不统一等共性问题。在未来一段时期，三省一市需要进一步加强公共服务便利共享，不断增强人民群众的获得感、幸福感和安全感。

第一节　长三角公共服务一体化发展进展及成效

伴随着长三角一体化进程的不断深入，三省一市社会事业加快发展，公共服务相对均衡，具备进一步推动区域公共服务便利共享的良好基础条件。近年来，三省一市把公共服务共商共建、便利共享作为推动长三角地区一体化发展的基石，营造资金、人员等要素自由流动的发展环境，取得了一定的成效，但也有些共性问题还需要进一步研究解决。

一、发展基础

（一）公共服务均等化差距不断缩小

由于发展阶段和区域自身的不平衡不充分，长三角各地差距客观存在，但总体上明显缩小。从人均地方财政一般公共服务支出来看，近 10 年来，上海增长不到 1.5 倍，为长三角最低；浙江从上海的 85% 上升到上海的 1.15 倍，成为长三角最高水平；江苏从接近上海增长到超过上海；安徽支出总量增长 1.64 倍，人均支出水平略增长 1.53 倍，与上海的差距在逐步缩小。

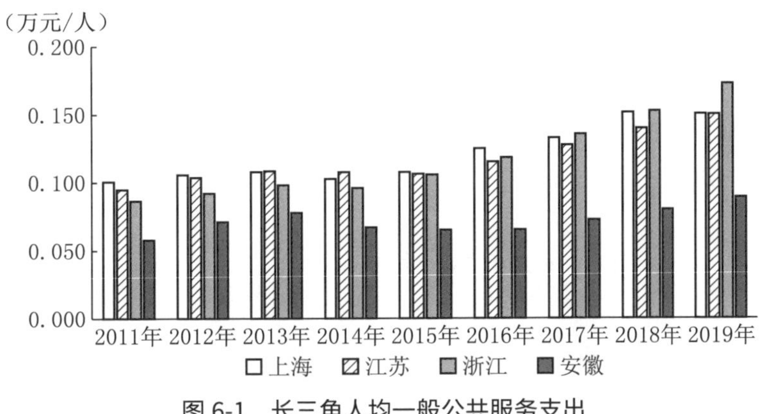

图 6-1　长三角人均一般公共服务支出

从具体公共服务设施发展水平来看，长三角区域发展差距也在逐步缩小。万人医疗机构床位数指标方面，江苏近 10 年提高很快，已超过上海，达 63.94 张 / 万人；浙江和上海的发展差距也迅速缩小到不足 1 张 / 万人；尽管安徽排名最后，但和沪苏浙的差距在不断减小。每十万人口学生在校人数方面，义务教育阶段，长三角每十万人口小学平均在校人数总体呈现上升趋势，其中苏浙皖三省的差距明显缩小，上海受低生育率、高外来人口比例该项指标始终较低。每十万人口初中阶段平均在校人数总体呈现先下降后回升趋势，总体差距也在缩小。高中阶段每十万人口平均在校人数均呈现下降趋势，差距略有缩小。每十万人口高等学校平均在校人数总体呈现上升态势，上海水平始终领先，但和其余三省差距在不断缩小。

（二）公共服务优质资源高度集聚

长三角教育资源密集，教育基础雄厚。2019 年，三省一市共有各级各类学校 4 万多所，在校学生总数 3300 多万人。其中，优质高等教育资源丰富，拥有 300 多所普通高等学校、8 所世界一流大学建设高校、35 所世界

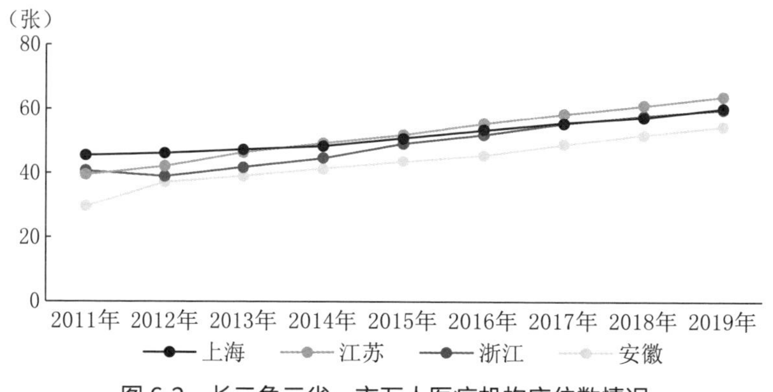

图 6-2　长三角三省一市万人医疗机构床位数情况

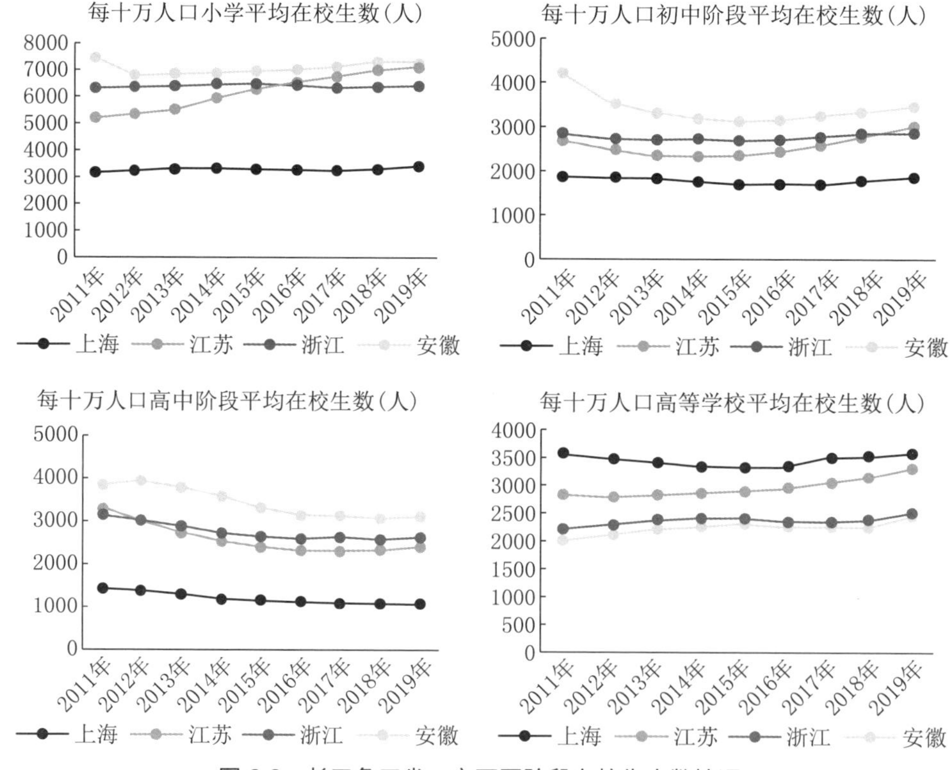

图 6-3　长三角三省一市不同阶段在校生人数情况

一流学科建设高校，占全国的 1/4。拥有医院 4900 多所，占全国的 14.4%；医疗卫生机构床位数 136 万余张，占全国的 15.5%；卫生技术人员近 172 万人，占全国的 16.9%；建有公共图书馆 100 处、5A 级旅游景区 56 个、全国重点文物保护单位近 700 个，高品质旅游资源占全国的 1/5 以上。养老机构总数达到 7800 多家，机构养老床位数达 130.6 万张，约占全国的 1/3。

（三）公共服务便利共享机制初步形成

长期以来，长三角地方政府、各有关方面开展了形式多样、成效显著的交流合作。例如，落实长三角一体化发展战略要求，制定实施长三角地区一体化发展三年行动计划，成立教育一体化发展领导小组、建立区域旅游合作联席会议等协调机制，为进一步推动公共服务便利共享奠定了良好基础。截至目前，长三角已经成立 4 家跨区域联合职业教育集团。城市医院协调发展联盟覆盖长三角 30 个城市 112 家三甲医院。养老服务协商协作机制初步建立。跨区域社会保障便利化程度明显提高，异地门诊结算已覆盖长三角全部 41 个城市，联网定点医疗机构达到 5400 余家，截至 2019 年底，长三角参保患者跨省异地就医直接结算近 23.6 万人次、结算医疗费用约 54 亿元。

二、进展成效

（一）区域人力资源协作持续深化

三省一市联合推进高校毕业生就业，2018 年以来累计举办三场长三角地区人才交流洽谈会暨高校毕业生择业招聘会，同时举行长三角地区高校毕业生网络招聘活动。协同开展长三角创业服务，开发建设公共招聘长三角地区就业服务信息专栏及长三角地区就业服务微信矩阵。联合开展长三角地区人力资源服务机构专业培训，联合举办长三角地区博士后学术论坛。加强人力资源服务产业园区建设，建成国家级人力资源服务产业园 5 家、省级产业园 22 家。

（二）跨区域社会保障服务便利化水平不断提升

长三角率先在全国探索异地门诊费用直接结算，目前区域内 41 个城市实现医保“一卡通”。搭建长三角养老保险数据交换平台，有效提升养老保险待遇资格协助认证效率。持续开展失业保险待遇转移衔接协作，深化区域工伤、失业保险合作。联合实施民生档案跨区查档服务项目，长三角民生档案跨区域一体化在线查档平台正式启用。

（三）劳动保障法治协作持续开展

三省一市签订《长三角区域劳动人事争议调解仲裁战略合作协议》，相继出台《长三角地区劳动人事争议调解仲裁工作要点（2019—2020）》《长三角地区劳动人事争议疑难问题指导意见》《长三角地区劳动人事争议仲裁案件异地委托调查送达制度》等系列文件。积极落实劳动保障监察委托协查制度、劳动者工资支付异地救济等制度，及时、有效处理跨区域劳动保障违法案件 200 余件。进一步加强劳动保障监察联动和信息共享，互认拖欠农民工工资“黑名单”公布信息，共同治理长三角地区拖欠农民工工资问题。

（四）区域食品安全管理方式不断创新

三省一市食安办签订《长三角地区食品安全信息追溯体系建设战略合作协议》，共同谋划区域食品安全信息追溯体系建设规划。成立长三角重要产品追溯联盟，推动上海、南京、杭州、合肥、无锡、宁波等城市间 6 个大类 10 个品种追溯信息互联共享，累计追溯数据达 13.5 亿条。以长三角上海外延蔬菜基地为基础，推广二维码信息追溯技术应用，实现从源头、批发到零售全过程追溯。联动加强区域性网络食品经营联合整治。建立长三角区域食品安全抽检监测专家库。制定《长三角区域食品安全承检机构管理考核指导意见》，实现信用共享，检测结果互认，考核结果互通。建立长三角区域食品安全抽检监测专家库。持续探索推进食品安全领域信用联合奖惩机制。

（五）共建高品质的世界著名旅游目的地

三省一市旅游主管部门共同签署《长三角地区高品质世界著名旅游目的地战略合作协议》。在境外联合开展中国长三角旅游主题推广活动，新增宁波航空口岸实施过境 144 小时免办签证政策。联手打造长三角地区统一旅游标识、宣传片，联合发布名城名山名湖名镇名村名园名馆的“七名”线路，发布长三角区域房车、养生、体育、会展四个专项旅游产品40个，长三角“高铁+”旅游产品线路等66条。12301旅游服务热线实现覆盖融合。“长三角PASS”旅游年卡等一卡通产品发行。“游上海”手机应用App于2019年10月正式上线试运行，正策划增加长三角版块，由“游上海”拓展到“一机游长三角”。共同推进长三角区域旅游领域信用联动奖惩工作，优化区域旅游联动监管机制。

（六）共同促进体育产业联动发展

建立了长三角地区体育产业发展联席会议制度，推动成立体育产业各细分领域联盟。积极规划论证共同申办国际顶级综合性赛事。开展长三角体育赛事常态化交流，确定上海体育学院、南京体育学院、浙江省黄龙体育中心、安徽财经大学四家单位作为长三角地区体育产业人才培训基地。组织长三角体育产业高峰论坛、长三角国际体育休闲博览会、长三角运动休闲体验季等各类品牌活动。

（七）深化区域养老服务合作

建立长三角区域养老服务协作协商机制，成立长三角养老协会联合体。建立长三角养老行业人才培养共享平台，联合发布《长三角养老服务发展报告（2019年版）》，启动一系列长三角养老行业征集活动，已完成长三角百名养老专家智库（S100）建设，开展长三角百家养老从业人员实训基地（P100）、长三角百家异地养老服务机构（G100）征集活动。

（八）教育医疗合作取得新进展

卫生健康领域方面，三省一市重点推进仁济医院宁波医院、瑞金医院无锡分院、滁州市第一人民医院建设；建立长三角急救联盟，开发运作长三角区域转运信息共享平台；成立长三角标准化代谢性疾病管理中心联盟等专科联盟建设；深化上海—南通试点，推动健康信息互联互通；建设罕见病实验诊断协作中心，推进健康科创协作等。教育领域，组建长三角研究型大学联盟，围绕高校智库联盟等项目开展合作；推进教育界与产业界对接，深化产学研合作，如依托中国国际工业博览会平台开展区域高校科技创新成果展示，依托长三角高校技术转移联盟促进科技成果共享和转移转化；探索建立以开放大学为核心的终身学习区域联动机制，成立“长三角地区开放教育学分银行”。

三、存在问题

在长三角公共服务领域合作相关推进中，还有些共性问题需要进一步研究解决。

（一）沟通协作机制有待进一步完善

例如养老服务领域，目前三省一市已经初步建立了协商机制，但尚未形成紧密的合作关系，合作事项均由上海市民政局牵头，三省积极性有待提升，需要不断吸纳各省市对养老服务区域合作的新需求、新项目，推动合作向纵深发展。

（二）信息数据的互联互通不够充分

一方面，长三角尚未建立统一的信息平台，地区间数据交换和共享存在一定障碍。另一方面，各省市数据归集程度和统计口径不一致，还存在基础数据和信息口径不一致的问题，给数据分析的准确性和及时性造成障碍。

（三）标准政策不统一

三省一市在公共服务领域还存在标准不统一、政策不统一等问题，成为影响一体化发展的区域壁垒。例如在养老方面，长三角区域各地包括各类养老机构和社区养老服务中心建设补贴政策、长期护理保险政策、医养结合推进政策以及相关从业人员补贴政策等均不相同，养老服务涉及的各类标准也有待互认。

（四）资源共享的深度广度有待进一步提高

三省一市虽已在多个领域探索开展了资源共建共享，但各项举措还较分散，共享共建的深度广度还不够，还未从一体化的高度来考虑和谋划。例如，由“游上海”拓展到“一机游长三角”的步伐还需进一步加快。再如，三省一市每年联合开展了就业创业、人才交流方面的活动，但是活动的规模、形式和内容还有继续提升的空间。

第二节　长三角推动公共服务便利共享典型案例

在长三角推动公共服务便利共享的过程中，涌现了不少好的经验与做法，如：开展异地门诊费用直接结算，使长三角率先破题医保“一卡通”；成立研究型大学联盟，成为长三角高等教育协同发展的“领头雁阵”；实施警务一体化，构筑长三角公共安全的“铜墙铁壁”等。本节通过对这些典型案例进行分析，并从中得出相应的启示借鉴，以期为进一步推进长三角公共服务便利共享提供样本参考。

一、异地门诊费用直接结算

在推进异地就医门诊费用直接结算过程中，三省一市建立了专项领导小组牵头，行政、经办、信息、监管“四位一体”的协商协调机制，有力推进试点工作落实。

（一）背景

长三角地区人口流动性强，参保地与居住地、就业地分离现象非常普遍，有异地就医需求的人不在少数。2017 年，依托跨省异地就医直接结算的“总理工程”，全国范围内已实现跨省异地住院费用直接结算。相较住院，异地门诊结算面临更多困难。门诊就诊量高且需要即时结算，结算过程中又涉及财政、人社、卫健委等多个部门，尤其是不同地区的医保报销范围、政策规定差异大，而且各地筹资标准、报销目录、报销水平也不一样，门诊就诊项目繁多。同时各地信息化建设进度也参差不齐，一些地市已有全市医保统一信息系统，但有些地方还停留在县级层面，要实现互通，在统一标准的前提下，还需要将各地的信息化建设从全县升级到全市再升级到全省联通。

为破解这些难题，长三角三省一市采取了“就医地目录，参保地政策”的异地支付模式。针对异地结算手续繁琐的问题，尝试建立异地门诊预付金制度，确保医疗机构及时得到回款。上海市牵头开发和搭建了长三角异地门诊直接结算的信息平台，与长三角城市几千家医院的信息系统实现兼容，并为所有上传的数据设立了共同标准。

2018 年 9 月 28 日，上海、江苏、浙江、安徽人力资源社会保障厅（局）签订合作协议，长三角地区异地就医门诊费用开始试点直接结算。经三省一市共商，江苏省南通市、盐城市、徐州市，浙江省嘉兴市、宁波市、省本级，安徽省滁州市、马鞍山市等 8 个统筹地区率先成为首批试点。这意味着试点区域内，患者在参保地之外也可以刷卡就医、直接结算。

目前，长三角 41 个城市已实现医保“一卡通”。截至 2020 年 4 月底，长三角门诊直接结算总量累计超 102 万人次，涉及医疗总费用近 2.4 亿元。异地就医门诊费用直接结算开通上线，保证参保人不跑路、不垫付、不排队、不求人，改善了患者的就医体验，同时各地突破属地化管理旧模式，将异地参保居民纳入就医地管理，也有利于监管异地参保人骗保行为。

（二）经验

长三角异地门诊费用直接结算涉及参保群众切身利益，推进工作任务重、难度高。三省一市提高认识，紧密团结，加强协作，做出积极尝试探索，为全国开展相关工作积累了经验。

第一，优化政策口径和经办流程。三省一市按照“坚持分级诊疗、立足现有基础、分步有序推进”的总体原则，注重与国家异地就医相关政策相衔接，初步形成异地门诊费用直接结算的政策口径、经办流程。在服务对象的范围和待遇上，将四类人员（异地安置退休人员、异地长期居住人员、常驻异地工作人员及异地转诊人员）优先纳入试点范围，并按照国家要求，重点结合外出农民工和外来就业创业人员两类人员的工作特点和就医需求，优化备案及转诊服务，精简备案及转诊手续，扩充备案及转诊渠道。对于相关结算政策经办流程，长三角门诊结算沿用国家异地就医住院结算规则，异地就医人员直接结算的门诊费用，原则上执行就医地的支付范围及有关规定；医保基金的起付标准、支付比例、最高支付限额等执行参保地政策。在结算资金管理方面，长三角门诊结算参照国家异地就医住院结算的资金管理，建立了“预付金 + 清算资金”的管理模式。

第二，搭建标准统一、互联互通的信息系统平台。由于各医院个人电子健康档案管理不统一，医院之间信息系统数据无法互联互通。为打通数据环节，上海市牵头开发和搭建了长三角异地门诊直接结算的信息平台，借鉴国家异地就医住院费用直接结算相关标准，对数据接口予以规范。各试点地区按照工作实际，在初期“点对点”联网的基础上，优化本地异地就医结算信息系统软、硬件改造工作，实现更多统筹地区接入省级平台。同时，基于长三角地区门诊结算交互专项平台，搭建三省一市信息网络，三省通过省级平台等可行方式与上海实现双向对接，实现互联互通。为了确保异地结算系统稳定顺畅，苏浙皖三省均建立了省内信息沟通机制，搭建省、市、县和医院的四级应急响应联动机制。

第三，提升异地服务便利性。三省一市从与群众关系最紧密的高频医保经办事项做起，加强大数据运用，着力推进“备案手段便利化”“费用结算便利化”，不断提升异地服务便利性，提高群众满意度。2019 年 5 月，包括“异地就医备案”在内的 2 项医保服务事项，纳入长三角政务服务“一网通办”首批开通事项，长三角居民办理异地就医登记备案只需提交网上申请，医保经办系统自动校验，无需提交纸质材料，不用来回奔波，符合条件的就可即时办理完成。针对备案及转诊服务这一长三角群众异地就医碰到的现实问题，上海不断改进经办服务，让长三角居民只要在所在地区医保中心或社区事务中心办妥异地备案手续，就能在开通异地门诊的医院使用医保卡直接结算，也可通过“一网通办”“随申办市民云”App等线上办理。浙江开辟了参保地办理备案，参保人可在当地经办机构现场办理或通过浙江政务服务网、“浙里办”App网上办理，选择要去就医的城市。为了让患者少跑路，江苏各设区市全面推广微信微业务、政府网站、手机App或基层平台自助一体机等备案渠道，所有统筹区现在都至少开通一种线上快速办理途径。安徽省16个市全面实行长三角异地就医备案政务服务“一网通办”，实现群众办事“不见面办”、“网上办”。

（三）启示

第一，创新机制，分层次协同联动。在推进异地就医门诊费用直接结算过程中，三省一市建立了专项领导小组牵头，行政、经办、信息、监管“四位一体”的协商协调机制，有力推进试点工作落实。专项领导小组由四地分管省（市）长任组长，由分管市领导代表上海市作为轮值组长；专项领导小组下设办公室，由四地医保主管部门的主要领导和分管领导任办公室正、副主任；专项领导小组办公室下分设行政、经办、信息等具体工作组，从政策、经办、联网、监管等层面定期开会，多频次沟通，共同推进具体工作。

第二，制度先行，推进规范化管理。围绕异地就医门诊费用直接结算项目的推进，长三角医疗保障部门多次对接，共同拟订长三角地区开展异地就医门诊费用直接结算协议文本、经办规程、三年行动计划纲要以及年度工作要点。各省市也积极出台相关制度办法。例如，江苏省医保局出台《江苏省异地就医经办服务规程》，就异地就医直接结算的范围对象、登记备案、待遇政策、就医管理以及零星报销作出明确规范；浙江省出台《浙江省长三角地区跨省异地就医门诊费用直接结算经办规程》，统一规范了全省长三角门诊费用直接结算过程中备案、结算、对账、清算流程及预付金管理办法；安徽省医保局、财政厅联合出台《安徽省基本医疗保险异地就医省级周转金管理暂行办法》，规范长三角异地就医资金结算流程，加强医保基金跨省使用的异地监督管理。目前，三省一市在立法上加强协同，浙江、江苏两地将相关事项纳入立法项目，这将为区域医疗一体化更好地保驾护航。

第三，分步实施，项目化有序推进。该项目自2018年9月正式推出首批试点，2019年4月，推出了第二批试点统筹区和医疗机构。在2019年4月18日推进会上，三省一市分管领导提出实现三省市级统筹区和上海主要医疗机构联网全覆盖的工作目标。三省一市医保部门克服困难，全力抓好扩大联网统筹区、联网医疗机构、备案手段便利化、费用结算便利化等若干子项目推进。到2019年9月底，在协同分步实施下，三省一市提前完成“两个全覆盖”目标，异地门诊结算覆盖长三角全部41个城市，联网医疗机构达到5400余家。2019年10月，为尽快实现浙苏两省门诊异地就医互联互通，浙江、江苏两地医疗保障部门启动浙苏门诊直接结算等相关工作，当月浙江省省本级、嘉兴市、湖州市三个试点地区和江苏省南京市、无锡市、苏州市门诊异地就医双向直接结算。截至11月底，浙江省与江苏省所有统筹区异地就医门诊直接结算全覆盖。

二、警务一体化

长三角区域警务一体化领导小组办公室成立近两年来，不仅统筹制定了区域警务合作方案和计划，还协调推进各项具体工作，使四地公安部门合作意识明显增强，一体化工作有了实质性提升。

（一）背景

2010—2011年，环首都七省区市、沪苏浙皖、泛珠三角等地区相继建立区域警务合作机制，以区域经济圈为框架、覆盖全国31个省、自治区、直辖市的大区域警务合作格局逐步形成，警务合作成为中国现代警务转型的标志之一。2018年5月，长三角区域警务一体化工作会议在上海召开，沪苏浙皖四地公安部门签署《长三角区域警务一体化框架协议》，将合作领域拓展至联勤指挥、社会面治安防控、省际卡口查控、重大活动安保等方面，逐步实现了沟通更及时、协作更紧密、标准更统一、共享更彻底、合作更高效的一体化区域警务合作体系。同年 7 月，长三角区域警务一体化领导小组办公室正式成立，成员由四地公安部门分别抽调精锐警力组成，在上海集中联合办公。自此，长三角警务一体化合作有了实体化、常态化运作和协调机构，标志着长三角四部门向更高层级一体化合作机制迈进。2019 年，三省一市公安部门又将合作范畴拓展至服务群众、优化营商环境等领域。当年 1 月，身份证异地补领换领、机动车异地年检等实现全域通办。5 月，四地公安部门签署了涉及应急联勤指挥、警务大数据一体化等十个方面的合作协议。11 月，上海市“随申办”App 开始支持长三角电子证照跨省互认共享，苏浙皖三省居民身份证、驾驶证、行驶证等 7 类电子证照具有与上海市电子证照同等办事效力。2020 年初，新冠肺炎疫情袭来，四地公安部门加强合作，联合做好省际道口防控协作，共同维护区域社会治安稳定。其间，四地公安部门联手研判毗邻地区防控情况，累计研判数据 26.3 万余条；采用互借公安检查站、互认货运通勤证明、设置绿色通道等合作方式，共检查车辆 600 万余辆次；联手对疫情期间的违法行为实施严厉打击，共携手查处跨省案件 300 余起，抓获违法犯罪嫌疑人 360 余名。

（二）经验

沪苏浙皖四地公安部门高度重视警务一体化工作，围绕加快覆盖全警种的规划目标，逐步探索出一条高效率、重落实的合作路径。

第一，联合做好重大活动城市安保工作。每逢重大活动，四地公安部门便会联手共筑防护圈层，做好周密细致安保工作。在第二届进博会期间，四地公安部门就联合采取站点源头安检、实名购票、实名登车、逢车必检等防控措施，对 21.5 万人次进行安检，查获违法犯罪嫌疑人 311 人、违禁危险物品 228 件；在各省际入沪通道口共查获违法犯罪嫌疑人 178 人（其中逃犯 19 人），查缴违禁物品 333 件。

第二，共同推进公安政务服务“全域通办”。四地公安部门结合本地区“互联网 + 政务服务”工作部署，依托数据整合共享提供的有力保障，将公安政务服务事项全量接入各省统一政务服务平台，方便企业和群众异地办事。对身份证异地补领换领、机动车异地年检、开具有无（违法）犯罪记录证明等已经实现全域通办的事项，进一步精简程序、压缩办理时间。对需要异地公安部门或其他政府部门提供证明材料的事项，建立按需调取机制，变“群众跑腿”为“数据跑路”。此外，还积极推动“全域通办”向长三角“一网通办”升级，梳理确定将“开具户籍类证明”等8项公安个人事项纳入长三角“一网通办”个人服务事项动态清单，未来长三角地区办理公安跨省业务将可实现政府门户网直接接入。

第三，统一开展区域违法案件联打联防。依托长三角区域公安指挥系统“一地提请、全网联查、快速反应、高效处置”查缉机制，四地公安部门深化情报共享、线索互查，充分发挥情报导侦效能，先后破获制售假进博会参展商法国“吉娜朵”生蚝、“证大系”非法集资、“6·24”特大系列网络诈骗案、“12·25”普陀区杀人案等一批重大刑事案件。同时，四地公安部门充分运用实战应用系统，强化分析研判能力，优化流程规范，有效提升突发事件处置能力。2019年11月，上海市公安局紧急协查一名企图潜逃四川的犯罪嫌疑人，浙江省公安厅立即响应布控，仅用2小时就将嫌疑人缉拿归案。

（三）启示

第一，建立实体化、常态化协调机构是推动各合作事项落实落地的组织保障。四地公安部门共同成立的警务一体化领导小组，由三省一市公安部门一把手任组长，下设长三角警务办，专职负责协调开展日常工作。长三角警务办克服了人员流动相对频繁，四地公安部门工作架构不同等问题，摸索形成了精简高效的组织架构和一整套议事规范、办事流程，让机构高效、稳定运行。机构运作近两年，不仅统筹制定了区域警务合作方案和计划，还协调推进各项具体工作，使四地公安部门合作意识明显增强，一体化工作有了实质性提升。

第二，科技赋能推进数据整合，智慧公安系统为警务合作提供技术支持。依靠大数据和智慧公安系统，长三角区域打破了行政壁垒，实现数据共享。在智慧公安系统的支持下，四地公安部门开始探索在公安道口检查站引入质检、交通、环保、检验检疫、食药监等政府部门开展综合执法，实现风险源发现全覆盖。当遇到重要节点、重大事故、极端天气时，相邻省市公安部门能对重大突发警情快速响应、联动处置，能对交通进行联勤指挥，确保不发生长时间、大面积拥堵。

第三，不断加强横向沟通，扩大合作领域，是推进一体化合作的不竭动力。四地公安部门在继续加强指挥、刑侦、治安等传统业务领域联勤协作的基础上，不断拓展合作领域，特警、水警、轨道公交、公安院校、信访等部门也纷纷建立了共享共建共商的警务合作机制，并通过联合调研、交流学习、上门授课等方式，促进警务资源共享，业务能力整体提升。同时，还互派优秀年轻干部开展跨省、跨部门、跨警种跟班学习锻炼，相互借鉴有益经验。

三、研究型大学联盟

教育高质量协同发展是区域一体化的重要内容和支撑，而高等教育在服务长三角一体化发展进程中更发挥着关键和引领作用。长三角研究型大学联盟的成立，为各高校开展更高层次、更高水平、更高质量合作，引领提升长三角地区科技创新服务能力提供了优质平台，对推动构建更加开放共享的人才培养、科技创新、社会服务和国际合作网络，提升区域国际影响力和竞争力，加快实现长三角地区高等教育更高质量协同发展具有重大意义。

（一）背景

复旦大学、上海交通大学、南京大学、浙江大学、中国科学技术大学作为长三角地区高等教育的排头兵，是支撑长三角一体化更高质量发展的领头雁。五所高校地缘相近、优势互补，在教学、科研、产业等方面已开展了大量扎实有效的合作，随着长三角一体化发展上升为国家战略，高校间的各项协作发展迎来了新契机。2018 年，沪苏浙皖共同签署《长三角地区教育更高质量一体化发展战略协作框架协议》和《长三角地区教育一体化发展三年行动计划》，提出目标：到 2020 年，长三角地区基本形成富有效率、更加开放、联动发展的教育更高质量一体化发展机制；到 2025 年，长三角地区整体率先实现教育现代化，形成具有区域特点、中国特色、世界发达国家教育发展水平的区域教育体系，形成亚太地区教育高地。围绕实现这一目标，联盟五校开始面向长三角教育、人才、创新的一体化，组建互联互通、紧密合作的研究型大学联盟，打造开放式的高等教育联合体。2019 年 5 月 9 日，长三角研究型大学联盟筹备会议在杭州召开，会议同意由浙江大学倡议，复旦大学、上海交通大学、南京大学、中国科技大学共同发起，携手三省一市有关“双一流”建设高校联合组建长三角研究型大学联盟。5 月 22 日，在安徽芜湖举行的长三角地区主要领导座谈会成果发布会上，在三省一市主要领导的见证下，长三角研究型大学联盟正式签约成立。联盟设立理事会，理事会成员由各参与高校校长组成，其中复旦大学、上海交通大学、南京大学、浙江大学、中国科技大学五校校长为常务理事，负责审议和决定联盟重要事务。建立轮值主席制度，由常务理事担任，每两年轮换一次。联盟秘书处设立在浙江大学，负责制定联盟章程，建立信息联络平台，组织协调联盟内事务与各项活动的开展，秘书处成员由各参与高校联络人组成。

（二）经验

第一，着力构建一流学科联合体、协同创新共同体，为建设区域创新体系和创新型国家打造创新策源新高地。围绕生命健康、人工智能、集成电路、生态环保、新材料、智慧农业等未来产业发展的人才和科技需要，长三角研究型大学联盟将构建一流学科创新联合体和学科育人联合体，持续推进联盟高水平建设，实现长三角区域创新策源能力显著提升，为整体提高长三角区域参与全球资源配置的竞争能力提供强大支撑。

第二，着力打造高能级科创平台，推动高校资源开放共享，打造教育引领和支撑区域一体化发展示范区。围绕创新创业加强长三角研究型大学的合作互动，联盟大力推进国家级科研平台、国家重大科技基础设施和科创中心的开放共享。联盟五校中已有立足长三角地区经济社会发展的研究机构，如南京大学长江三角洲经济社会发展研究中心、中国科学技术大学长三角科技战略前沿研究中心、浙江大学长三角一体化发展研究中心以及由复旦大学倡议，联盟五校共同发起的“长三角高校智库联盟”。未来，联盟还将运用信息化技术链接长三角优质教育资源，推进慕课（MOOC）建设，溢出高水平大学的教育教学成果，探讨革新教育教学模式和资源共享方式，加快推进高等教育更高质量协同发展，形成教育协同开放共享发展新格局，通过教育与科创产业深度融合的区域一体化制度创新，为全国区域高等教育协同发展提供示范和标杆。

第三，着力塑造一流人才生态环境，共织高校国际合作网络，协同建设新时代改革开放新高地。通过分学科、分领域组建人才合作网络，联盟五校将促进长三角研究型大学的人才深度合作，推动高层次人才实现跨区域合理流动和共享，构建完善良好的人才生态环境，为长三角高质量一体化发展提供强大的智力支撑。下一步，联盟五校还将主动对标国际高标准、高水平的大学联盟，积极参与国际高等教育竞争，链接全球教育资源，形成开放创新氛围，依托各高校的国际合作网络，引进高端国际人才，引入世界一流的战略合作伙伴联合办学，共同探索高水平合作办学新模式。

（三）启示

第一，抓住提升科技创新策源能力的新引擎，释放区域协同创新发展红利。长三角研究型大学联盟成立以后，五校积极联动地方政府争取建设各类创新试验示范区，构建辐射引领长三角区域的重大前沿研究基地和产业技术创新高地，支撑长三角打造创新创业新引擎，推动高能级科创平台开放合作。通过科技驱动、创新赋能，有效地将学校优势转化为区域优势，为实现长三角重点科创平台和产业创新基地落地转化提供强大支撑。通过联合实施更高层次的教育对外开放，协同提升全球高水平教育资源配置能力，更好地引领、支撑和服务长三角地区乃至全国创新体系建设。

第二，形成优势互补共建共享的新机制，增强区域学校整体实力。长三角研究型大学联盟以“项目制”为落脚点，坚持“问题导向、项目驱动”，通过项目化推进一体化，通过优质项目链接五校优势资源，以互信合作、求同存异为基础，坚持“各扬所长、精诚合作、平等互利”，形成共建共商共享的机制。在此基础上，联盟成员单位立足各自学科优势和特色，通过跨学科、跨学校联合的方式积极申报和承担国家重大研究项目，充分发挥各自优势，分工有序联合开展大规模社会调查，进一步实现联动协同、优势互补、合作共赢，推动区域高等教育发展成为加快长三角一体化发展的重要组成部分和重要支撑。

第三，发挥“双一流”建设引领的新优势，带动区域高校联动发展。长三角研究型大学联盟的成立，不仅是五所高校联盟，也将长三角地区其他双一流大学联合起来，共同组建全新的大学联盟，并向产业界、科技界融合延伸。联盟将采取“联合、共建、协同、开放、共享”的运行机制，计划每年举办一次联盟校长峰会，共商联盟发展大计，进一步加强联盟内大学的紧密合作和共赢发展，加大与产业界、科技界协同融合。除了联盟五校内部资源共享外，五校的溢出效应也能够得到充分显现，如同大手牵小手，为区域高校教学协作探索更有效的推进路径。依托联盟大平台，整合长三角地区双一流大学教育资源，联盟将进一步实现联动发展、优势互补，打造更具影响力的高等教育品牌，为长三角地区打造全国具有重要影响力和带动力的强劲活跃增长极提供强力支撑。

第三节　推动区域公共服务便利共享的相关对策建议

坚持因势利导、优势互补，着力健全区域就业创业服务体系，推进基本公共服务便利共享，深化推动区域教育、卫生健康、文化旅游、养老服务、体育休闲等公共服务高质量发展，不断满足人民群众多层次、多样化美好生活的需要。

一、促进人力资源要素流动

（一）推动高校毕业生等重点群体就业创业

完善长三角高校毕业生信息共享机制，持续实施高校毕业生就业创业促进计划，以离校未就业高校毕业生群体为重点，提供针对性职业指导、职业介绍和职业培训服务。进一步加强农民工就业信息监测共享，强化对农民工就业创业的指导和政策扶持。聚焦高校毕业生、农民工、退役军人等重点群体，探索成立区域公共创业服务联盟，联合开展创业政策宣传、开业指导、创业培训等工作。

（二）探索建立统一的人才评价标准体系

打破户籍、身份、人事关系等限制，在一体化示范区试点基础上，深入实施职称、职业资格、继续教育学时、职业注册等互认互准制度，促进人力资源在长三角区域内高效流动和优化配置。对《国家职业资格目录》中所列专业技术人员和技能人员职业资格，探索统一合格标准，实行长三角区域内互认互通。探索推动职业资格“一地注册、多地执业”，减少人才重复评价。进一步拓展海外人才居住证适用范围，推动长三角地区海外人才同城化服务。

（三）深化人力资源服务协作

加快组建长三角人力资源服务联盟，推进人力资源服务机构平台互联、数据共享，服务许可、标准互认互通。开展公共人才服务事项异地通办试点，形成可复制、可推广的公共人才服务规范，打造一批公共人才服务示范工程建设。推进长三角人力资源服务产业园协同发展，支持优质人力资源服务机构互设分支机构。搭建博士后学术交流平台，探索推动三省一市博士后工作站（流动站）联合招收培养博士后机制。

（四）深化劳动保障监察与劳动人事争议的协同处置

加强长三角区域最低工资标准、企业工资指导线等协调联动，建立健全区域企业薪酬调查、制造业人工成本监测信息共享比对机制。强化劳动用工信息及劳动保障违法案件信息信用共享，深化劳动保障监察案件协查，探索建立区域“免罚清单”制度。加强长三角欠薪治理协作，建立拖欠农民工工资失信联合惩戒对象名单。加强长三角劳动人事争议案件协同处理和劳动人事争议法律适用问题研究，逐步统一区域内法律适用标准。

二、提升社会保险便利化水平

（一）推进社保卡“一卡通”

大力推广电子社保卡，推进实体社保卡与电子社保卡在民生待遇发放、政务服务、就医购药、智慧城市等领域的应用。发挥社保卡金融服务和身份凭证功能，探索以社保卡为载体建立居民服务“一卡通”，在交通出行、旅游观光、文化体验等方面率先实现“同城待遇”。

（二）逐步推进长三角医保一体化

推进实施长三角统一的基本医疗保险政策，研究统一门诊慢性病特殊病和门诊统筹政策，建立统一的罕见病用药保障机制。逐步统一长三角药品目录、诊疗项目、医疗服务设施目录。推进医保电子凭证应用，实现长三角“医保一码通”。探索开展长三角门诊大病（特殊病）、门诊慢性病异地直接结算试点，扩大异地结算服务范围，推进长三角异地就医免备案。探索推进长三角区域药品、医用耗材联合采购。结合医疗服务价格改革，协同建立长三角区域医疗服务项目合理比价体系，加强招采、价格、支付联动。建立健全严密有力的长三角异地费用联审互查机制，共同维护长三角医保基金使用安全。

（三）提升社会保险经办效率

继续完善工伤医疗康复资源共享、协助工伤认定鉴定、委托协查等合作机制，逐步统一长三角地区工伤保险政策。建立长三角跨省医保关系转移接续协调机制，推动医保关系转移接续网上办理。探索统一基本养老保险关系转移接续服务事项和办理流程，推进基本养老保险关系转移接续线上办理。

三、打造健康长三角

（一）协同建立长三角公共卫生应急体系

深化联防联控协同机制，做好“外防输入、内防反弹”疫情防控工作。建立长三角公共卫生应急体系，联合开展风险预警研判、协调处置和联合演练，完善平战结合的医疗救治资源配置，加强区域医疗卫生物资和应急医疗救治能力储备，强化卫生应急队伍联动，推进直升机医学救援区域合作。统筹医疗救治危重症资源布局，谋划建设国家传染病医学中心、国家级公共卫生临床中心、长三角区域利福平耐药结核病协同防控中心。持续加强临床诊治、药物及疫苗研发、病原学与流行病学等公共卫生科技联合攻关。完善省际间血液应急联动保障机制。推动疫苗受种者预防接种信息共享。

（二）推进区域医疗服务均质化

推动长三角优质医疗卫生资源扩容和统筹布局，合作共建国家区域医疗中心。以常见病、多发病为切入点，持续推进长三角专科联盟建设，开展远程医疗咨询、跨区域危重及疑难病人会诊、特约会诊等服务，促进区域内诊断标准、治疗方案、质量控制、数据归集和疗效分析统一。建立公共卫生信息互联互通机制，探索建立长三角卫生健康大数据中心，实现居民电子健康档案信息互联互通。推进血液管理信息系统互联互通，建立献血者临床用血费用跨省减免机制。

（三）共建长三角中医药高地

设立长三角中医药科技联合攻关项目，推动中医药临床科研共享。建立中医药学教育联盟、学科联盟、专科联盟，共建国家级中医“优才学院”，跨省设立国医大师、名中医工作室，强化中医药人才联合培养和诊疗合作。

共建国家中医医学中心、国家区域中医医疗中心、长三角优势专科专病联盟、长三角名中医工作室。建立完善长三角中医药一体化质控标准体系、专家团队、评价制度。联合推进中医药文化产业发展。

（四）加强卫生健康综合执法监督联动

联合制订《长三角区域卫生监督联动执法实施办法》，逐步建设统一的卫生健康综合监督执法规范体系。推进卫生健康监督执法信息共享、行政处罚裁量基准统一、信用监管信息互认，建立跨区域无证行医人员名录库。联合开展卫生健康监督执法队伍培训和应急演练，推进培训师资、培训基地、培训案例等共建共用。重点在打击非法行医、消毒产品、涉水产品和餐具饮具集中消毒等领域，加强执法合作。

（五）深入推动康养服务合作

持续推进长三角“41 城”合作。逐步扩大长期护理保险、养老服务补贴等政策待遇异地延伸结算范围，将更多异地养老机构纳入结算。优化长三角养老产业布局，协同推进长三角（东台）康养小镇等一批康养项目建设。打造长三角养老服务能力建设基地，为行业赋能。发布长三角养老产业发展导引，探索建立长三角区域智慧养老服务平台，推出“线上＋线下”养老服务地图。探索推进区域老年人能力评估、照护需求评估、养老服务设施建设和养老机构等级评定等标准规范、养老护理员及养老机构负责人从业资格（资质）、职业技能评价以及养老机构登记备案流程的互认互通。

（六）推进体育资源共享和项目合作

协同推进全民健身和全民健康深度融合，共同实施老年人非医疗健康干预行动，推动长三角一体化全民健身示范区联盟等组织发展，创办长三角体育节。完善长三角地区联合办赛体制机制，办好“桨下江南”——长三角水上马拉松、环意 Ride Like A Pro 长三角公开赛等品牌赛事，联合申办举办国际重大顶级赛事。共同办好长三角运动休闲体验季、运动休闲博览会、体育产业高峰论坛等品牌活动。加快建设长三角国家步道系统。共同编制长三角体育产业一体化发展规划，深化长三角体育产业联盟建设，加快长三角体育产权资源交易平台建设和推广。

四、推动教育合作发展

（一）深入推动高等教育领域合作

支持高水平大学在长三角设立分支机构。建设创新创业指导、交流和孵化综合性实践基地，积极构建产学研用合作共同体。健全长三角高校联盟或学科专业联盟发展机制，扩大研究型大学联盟影响力，聚焦人才培养、前沿研究、成果转化、智库建设、全球合作等方面，积极构建产学研用合作共同体。联合开展高校创新创业教育交流合作，推动依托长三角重大科技工程和设施平台培养创新人才新模式。

（二）推动基础教育领域联动发展

协同开展五育并举系统推进工程。推进基础教育改革重大问题协商共进和信息共享机制。支持三省一市优质学前教育、中小学资源，通过设立分校、整体托管、协作帮扶、学习联盟等方式提升办学水平。探索长三角教育评价改革试点，推进评价学校、教师、学生等评价标准的“长三角实验”。完善学生体育赛事活动协同举办、参与机制。探索建立校长、教师跨地区合作教研共同体。

（三）促进职业教育协同发展

做大做强一批联合职业教育集团，推进特色办学联盟跨区域产学协作，培养高技能人才。实施职业院校与专业布局结构协同调整优化计划，推进产学研深度融合的新型产业学院、产教融合实训基地建设。加快建设长三角职业教育产教融合人才培养创新云平台。

（四）实施重点项目专项推进计划

完善区域教育现代化指标体系，协同开展长三角教育现代化监测和各级各类教育质量监测。加快长三角地区学分银行建设。支持民办教育协同发展。利用好长三角校长及教师培训联动平台，继续开展长三角中小学名校长培训及骨干教师交流研修和访问学者计划。

五、推动文化旅游联动发展

（一）完善区域文化旅游服务体系

运行长三角文化和旅游一体化战略联盟，健全长三角文化、旅游资源共享、客源互送、治理互鉴行业协作机制。完善文化旅游公共服务体系，推动美术馆、博物馆、图书馆和群众文化场馆区域联动共享。扩大“长三角旅游 PASS”旅游年卡使用覆盖，在旅游观光、文化体验方面率先实现“同城待遇”。

（二）共同提升区域文化旅游影响力

依托长三角旅游推广联盟，打响“东方水韵 自在长三角”旅游整体品牌形象，共同拓展境内外旅游市场，共建世界著名旅游目的地。联手打造皖浙 1 号旅游风景道，继续推广长三角“七名”国际精品线路和杭黄国际黄金旅游线路。继续办好中国上海国际艺术节、上海旅游节、安徽国际文化旅游节等活动，共同承担重大主题性创作项目和重大展览活动，联合开展文艺创作展演与文化产业联动。

（三）加强文化遗产传承保护利用合作

加强重点文物、古建筑、非物质文化遗产保护合作交流，联合开展考古研究、文化遗产保护，以及非物质文化遗产展示、展演、培训等活动。支持环淀山湖地区水乡古镇联动开发，联合开展江南水乡古镇申报世界文化遗产。

（四）优化完善区域文化旅游联动监管机制和突发安全应急体系建设

加强长三角文化旅游信用合作，完善高效协同监管机制，深化文化旅游市场综合行政执法和文物行政执法协作联动。探索建立跨区域旅游重大安全事件的协同处置机制，建立旅游安全提示、旅游景区大客流预警等信息共享、发布机制。

第七章

破除一体化行政壁垒和制度障碍 建设统一开放的市场体系

三省一市锚定改革开放新高地目标，共同推动更大范围、更宽领域、更深层次的区域对外开放，构筑长三角大市场，带动区域消费升级，提升区域金融服务能级，深化区域社会信用体系建设，有效支撑长三角健康有序发展。

第一节　长三角区域市场一体化发展进展及成效

自长三角一体化正式上升为国家战略以来，长三角区域市场一体化体系建设稳步推进，目前已经在区域市场一体化建设、区域金融协调发展、区域信用建设和区域市场服务保障方面取得了初步成果，但也存在一些发展瓶颈。

一、工作成效

第一，区域市场体系一体化建设取得阶段性成果。三省一市签署落实《长三角地区市场体系一体化建设合作备忘录》，印发实施《长三角市场体系一体化专项行动计划》。同时，长三角市场主体数据分析平台建成，已归集市场主体信息 5000 余万户。

供应链体系建设全面铺开。三省一市联合组织召开长三角供应链创新与应用大会，推出长三角仓储布局数据库、长三角供应链发展基金、亚太供应链互联互通平台、应收账款融资服务平台等四大平台，联动打造长三角现

图 7-1　长三角供应链创新与应用大会

代供应链领域新增长点。长江经济带标准化托盘循环共用联盟成立，推广跨区域“带托（筐）运输”模式，“从田头到门店”的不倒筐配送模式雏形初显。

重点领域标准体系建设基本框架初步建成。三省一市成立长三角标准一体化建设工作组，并发布《长三角标准一体化工作制度》，签署了《共建长三角一体化标准化智库协议》和《国际标准化长三角协作平台组建框架协议》。《关于加强长三角地区计量技术规范共建互认工作的通知》和《关于加强长三角地区计量考评专家资源共享的指导意见》出台，推动区域内计量资源共享和量值溯源体系建设完善。长三角产业计量云平台上线，推动区域计量测试服务打破行政边界、实现优势互补。

区域市场监管联动网络逐步成熟。三省一市共同签署了《长三角地区市场监管联动执法实施办法》，形成工作机制、共享风险信息并开展联合治理，成功开展联合执法行动，共同查处涉嫌侵犯“博世 BOSCH”注册商标电池产品。长三角食品安全信息追溯平台已共建完成，推动上海、南京、杭州、合肥、无锡、宁波等城市间 6 个大类 10 个品种追溯信息互联共享，累计追溯数据达 13.5 亿条。

第二，区域金融协调发展与风险防范工作平稳有效推进。

区域金融交流持续稳定开展。三省一市地方金融管理部门连续六年召开圆桌会议，并以此为载体在金融资源共享、金融机构合作、金融市场互联、金融环境优化等方面达成广泛共识。

金融全面服务实体经济发展。科创板和试点注册制顺利落地，截至2020年6月底，长三角三省一市共174家申报科创板，占全国比重的43.18%；已挂牌上市50家，占全国比重的43.97%，首发募集资568.92亿元，市值10363.39亿元。中国人民银行、中国银保监会、中国证监会、国家外汇管理局、上海市政府联合出台了《关于进一步加快推进上海国际金融中心建设和金融支持长三角一体化发展的意见》，全力支持长三角科技企业直接融资，推动浦东科创发行国内首单（疫情防控）10亿元知识产权证券化项目。三省一市主要大型企业、金融机构和社会资本共同发起成立了长三角协同优势产业基金，主要覆盖生物医药、人工智能、物联网等“硬科技”领域。三省一市积极探索绿色发展，推进长三角绿色项目库、长三角绿色金融信息管理系统建设。

共同防范化解区域金融风险取得初步成效。三省一市共同签署了《长三角地区地方金融组织监管合作公约》，通过深化网络预警联防、合力化解重点风险、强化联合宣教引导等方式进一步提升跨区域金融风险防范能级。同时，三省一市亦积极深化跨区域金融合作和金融政策协调，建立了征信机构协同监管、经济金融统计数据共享、长三角普惠金融指标体系等机制。

第三，信用长三角初步建成。

区域整体信用制度建立完善。三省一市印发实施《长三角地区深化推进国家社会信用体系建设区域合作示范区建设行动方案（2018—2020年）》，联合签署跨区域信用联合奖惩合作备忘录，加快推进生态环境、食品药品、产品质量和旅游等领域信用联合惩戒，明确对三省一市区域范围内相关主体的守信激励和失信惩戒标准，并形成统一的联合激励与惩戒措施。

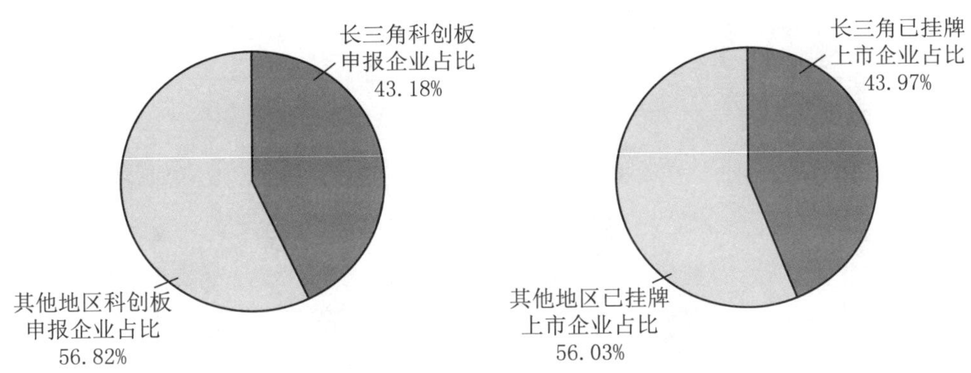

图 7-2　长三角企业科创板申报及上市情况

重点领域跨区域联动奖惩有效落实。生态领域，三省一市信用、生态环境部门公示、共享了 382 家环保严重失信企业名单，并积极推动环保行政处罚信息用于银行开展绿色信贷工作，截至 2019 底，共公示 19423 条三省一市环保处罚信息，助力银行对近 70 家企业采取联合惩戒措施。产品质量领域，三省一市信用办联合印发《2020 年长三角区域信用合作重点工作计划》，修订了《长三角产品质量领域信用联合奖惩合作备忘录和实施联合奖惩指导意见》。旅游领域，三省一市信用、文旅部门编制完成《长三角地区旅行社、导游（领队）严重失信行为认定标准》（试行）和《长三角地区旅行社、导游（领队）严重失信行为联合惩戒措施》（试行），进一步完善《长三角区域旅游领域信用联合奖惩工作方案》。

跨区域信用信息共享共用平台投入使用。三省一市共推"信用长三角"平台建设，已归集公示包括生态环境、旅游等领域的信用信息 2.5 万余条，相关部门通过平台查询使用信用信息超过 5 万次。

信用行业服务创新一呼百应。上海资信、三零卫士、凭安征信等信用服务机构参与电子商务专项治理和双公示评估等工作，EVCARD 共享汽车、芝麻信用、卫诚征信等信用服务机构积极参与信用惠民工作。除此之外，2018 年三省一市经信部门共同主办了区域 SODA 开放数据创新应用大赛，将开放数据范围扩大到长三角地区。

图 7-3　长三角征信机构联盟首次联席会议

第四，区域市场开放互联成果显著。

协同做好中国国际进口博览会服务保障。三省一市签署并推动实施《长三角地区服务保障办好中国国际进口博览会协同工作方案》，共同做好安保、大气、环境、水域、航空等联防联控、协同保障。长三角对外投资合作发展联盟成立，推动“走出去”，信息共享、服务共享。

长三角大通关建设取得显著成果。三省一市口岸办共同签署《长三角国际贸易单一窗口合作共建协议》，上海口岸与张家港口岸着手开发“通关+物流”信息交换和数据传输通道，上海与安徽正开展单一窗口数据查询和统计的对接，已完成系统调试。三省一市举办“一带一路”国际枢纽暨长三角中欧班列高峰论坛，推动签订了《长三角中欧班列合作框架协议》。

区域营商环境不断优化。三省一市共同制定《境内自然人在沪苏浙皖投资设立外商投资企业管理办法》，于 2020 年 1 月 1 日起正式实施。长三角“一网通办”正式开通，政务服务、公积金跨省协助查询、法院诉讼服务等事项在长三角地区实现“一网通办”，其中 51 项政务服务事项已覆盖区域 41 个城市，全程网办办件 223.86 万余件（试点区域事项全程网办全量数据），同步在41个城市共开通543个线下专窗办理点。同时沪苏浙联合签署《上海江苏浙江自由贸易试验区联动发展战略合作框架协议》。

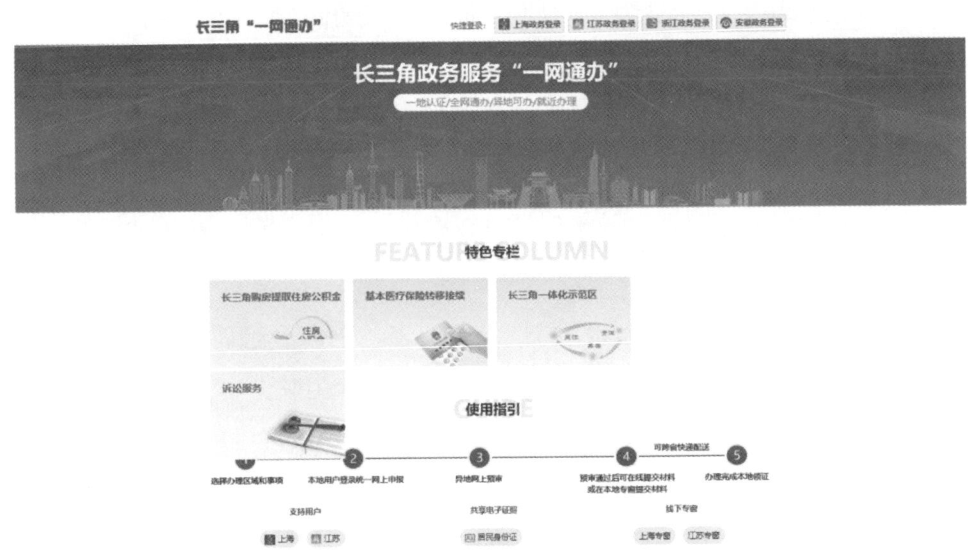

图7-4　长三角一网通办政务平台

二、存在问题

对照统一开放、竞争有序的现代市场体系要求，长三角区域市场一体化建设还存在一些瓶颈和短板。

第一，区域市场壁垒仍然存在。三省一市在市场准入规则、标准上尚存在地区性差异，不利于企业的跨区域经营。例如“首台套”重大技术装备在跨地区销售中，不能享受相应的资金、政策、保险等支持。再如，三省一市各自出台了近50项地方环境标准，具体指标限制各不相同，导致长三角地区生态环境保护出现区块分割现象，增加了企业跨区域发展的难度，一定程度上造成了不同地区企业间的不公平竞争。此外，由于中央对地方授权不足，一些含金量较高的改革举措涉及部门多，部门协调、上位法调整时间长，导致改革举措在不同地区不同步和碎片化，例如上海自贸试验区自由贸易账户（FT账户）推广复制较为缓慢。

第二，区域市场监管共治有待进一步加强。一方面，区域市场监管标准、处罚标准不统一，各地自由裁量权不一，一定程度上会影响市场监管部门执法的公信力。另一方面，市场联合监管的范围偏窄。长三角地区目前已开展工商、商标保护、网络侵权等领域的联合执法合作，但事中事后的日常联合监管合作较少，特别是事中的监管尚处于摸索阶段。同时，目前开展的联合执法主要是针对实体物品的线下监管，针对线上的监管合作则较少。联合执法联动力度亦不足，尤其是保健市场整治、传销监管等重点问题联合执法合作仍待加强。

第三，三省一市金融市场结构性矛盾突出。上海金融要素集聚能力强、服务水平高，而长三角地区其他三省金融发展水平较低，与上海市相比还是有比较大的差距。长三角各地区的金融发展水平不均衡问题制约着长三角资本市场的完善发展。上海高度集中的金融资本不能合理有效地配置到苏浙一带，苏浙地区的科技创新型企业不能及时快速得到所需资金。江苏和浙江产业同质竞争严重，相互之间也无法实现区域性的分工和相应的协作，破坏了区域间金融市场的形成和发展，阻碍长三角经济一体化的进程。

第四，信用长三角体系有待进一步完善。一方面，长三角地区开展重点领域跨区域失信联合惩戒的工作机制仍未健全，各地各部门之间的信息壁垒仍然存在，对严重失信者信息尚未能做到互换互认。另一方面，异地消费的投诉受理合作机制有待完善，异地消费申诉的受理量有待增加，消费纠纷的受理情况与实际处理效果有待优化。特种设备、食品、药品等高风险领域的监管合作能力还需加强，网络交易、互联网广告等新业态新模式的跨区域监管执法合作机制尚处于探索阶段。

第二节　长三角推动区域市场一体化典型案例

长三角区域合作由来已久，经过长期探索，沪苏浙皖在实践中形成了许多有效管用的经验积淀，涌现出许多丰富的创新实践成果。在区域市场一体化领域，尤以长三角资本市场服务基地建设和长三角政务服务“一网通办”两项成果最为突出，值得借鉴推广。

一、长三角资本市场服务基地

为推动长三角要素市场一体化进一步发展，由浦东新区人民政府和上海证券交易所共同发起设立了长三角资本市场服务基地（以下简称“基地”）。两家单位于 2018 年 11 月联合举行了揭牌仪式，并签署战略合作备忘录和基地共建协议，2019 年 4 月基地实体启用。

图 7-5　长三角资本市场服务基地

基地主要承担两方面的任务，一是强化长三角金融服务实体经济能力，二是培育孵化具有强大竞争力的科创板上市企业，更好地推动上海国际金融中心和科创中心建设联动发展。

（一）发展成果

经过两年的发展，基地已经成为面向长三角、服务科创板的重要金融赋能平台和上市服务平台。目前，基地服务网络中包含 29 座联盟城市、13 个基地分中心和126家联盟成员。基地着力打造十大服务功能，线上推出三大首创+3大资源库，其中已经建立包含5017家企业的储备库、520家企业的培育库和含有120家企业的推荐库，线下开展220余期活动，服务人次达到3万。

基地服务科创板也已初显成效。目前，科创板已形成一股“长三角力量”和一座“上海高地”。截至2020年底，全国科创板上市企业数量为201家，长三角科创板上市企业数量达97家，占全国的48%，其中上海35家，江苏39家、浙江16家、安徽7家。

专栏7-1　长三角资本市场服务基地十大服务功能特色内容

长三角资本市场服务基地首创科创板上市发现推荐功能，依据科创板标准，构建逐层递进的上市储备库、培育库和推荐库。同时，通过与知识产权平台合作，对科创板受理企业的科技属性、技术水平等进行专业评价，形成企业画像推送上交所智能审核辅助系统，首次实现了地方政务数据信息在科创板审核当中的应用。

基地还主动对接科创企业的信贷融资需求，为企业精准匹配工商银行、建设银行、招商银行等多家基地联盟成员银行机构，增加企业授信额度，如2020年4月29日，长三角资本市场服务基地与招商银行长三角区域9家一级分行签署《金融支持科创企业上市发展全面战略合作协议》，为基地上市后备库企业提供总额460亿元的授信额度，并提供专属利率优惠政策和综合金融服务方案；深化股权投融资对接功能，筹备举办长三角科创企业专场线上云路演活动，提升企业股权投融资匹配的精准度和成功率。

此外，基地还推出路演推介展示、专业服务匹配、上市辅导培训、上市行政服务、金融指数编制等功能，为企业上市提供全周期的服务。科创板设立以来，先后帮助聚辰半导体、复旦张江生物、君实生物、中微半导体、泽生科技、奥普生物、美迪西生物等企业协调相关行政合规问题，扫清上市障碍，加速上市进程。

（二）建设经验

基地通过布局一张辐射长三角的“网”、搭建“线上＋线下”多功能服务平台、建立规模化的企业库和资源库，架起了金融资本与科创要素的联动通道，形成了“科创＋金融”对接的良好生态。

首先，基地立足长三角，多城市布局联“网”。基地已与南京、杭州、合肥等长三角 19 座城市结为联盟城市，并在浙江杭州、江苏盐城、无锡、南通、镇江设立了 6 个基地分中心，让各地企业能够快速、便捷地享受到服务。

其次，基地围绕企业需求，规划多层次服务功能。基地开展了包括上市发现、推荐和审核支持功能在内的十大服务功能，为上市企业提供多层次全周期服务。

同时，基地线上线下平台联通，优化要素配置。基地打造了“信息联通、资本融通、服务畅通、管理贯通”的信息化平台，让各方实现“联通”，企业足不出户就能获得咨询，为科创和金融高效对接提供便利。

（三）启示总结

第一，做大蓄水池，加强企业培育力度。一方面，要扩容企业库，在充实原有储备库企业数量的基础上，聚焦在线经济、到家经济、非接触式经济和人工智能、智能制造等新经济、新产业，为科创板更加精准挖掘长三角区域上市增量。另一方面，要做大资源库，加强与更多的头部机构、产业协会之间的合作，共推科创板上市后备企业培育工作。比如，与重点银行开展授信合作，为企业提供信贷融资便利。

第二，加强标准建设，提高平台服务能力。2020 年 3 月 20 日，中国证监会发布了《科创属性评价指引》，进一步明确了科创板申报企业的科创属性内涵和外延，提出了科创属性具体的评价指标体系。在企业发现和筛选方面，各类金融服务平台要进一步加强标准建设，完善企业筛选和培育的机制和指标，提高操作性和便利性，使地方城市可以根据这个系统和标准，自行筛选企业。在上市审核支持方面，深化研究科创板企业的预审标准，从行业、技术、人员等方面多维度构建评价指标体系，建立预审核标准和在线评价系统，为上交所科创板审核提供辅助支持，并逐步推动长三角区域科创企业、金融机构及政府部门的对接和应用。

第三，完善多项机制，提高平台辐射能力。一方面，建立双向交流机制。鼓励更多总部设在上海的金融服务机构，带着投资团队到长三角其他地方去交流，提供培训；各地政府也要带队到基地学习、培训、路演，开展双向交流。另一方面，建立专业化服务体系。通过更加精细化的管理，打造更加专业的上市服务体系，帮助企业扫清上市障碍，一站式解决企业上市诉求。例如，在专业服务匹配方面，提供涵盖会计、税务、法律、券商、评估评级、投资咨询等在内的全方位服务；在上市行政服务方面，通过设立行政服务受理窗口的方式，提高企业上市审理的便利性。

二、长三角政务服务“一网通办”的改革实践

行政审批制度改革是体制机制改革的重要组成部分，长三角地区在行政审批制度改革方面一直走在全国前列，三省一市各自探索出了上海“一网通办”、江苏“不见面审批”、浙江“最多跑一次”、安徽“皖事通办”等多种形式的改革实践。“长三角一网通办”是依托国家政务服务平台和上海市、江苏省、浙江省、安徽省政务服务平台，在各省市平台建设成果基础上，通过长三角地区政务服务数据互通共享，实现跨地区政务服务“一网通办”的先进探索，力争实现高频政务服务事项线上“一地认证、全网通办”，线下“收受分离、异地可办”。

（一）长三角“一网通办”概况

2019 年 5 月 22 日，吸纳了三省一市“一网通办”丰富经验的长三角“一网通办”正式开通上线。三省一市合力攻关，打造长三角地区政务服务“一网通办”专栏，上线全国首个区域政务服务“一网通办”旗舰店。目前，已实现 30 项企业事项、21 项个人事项，1 项公积金协查，6 项司法诉讼服务跨省办理；开通 41 个城市 543 个线下专窗办理点，15 类电子证照互认亮证，移动端提供 391 项无感漫游服务。

专栏 7-2 三省一市“一网通办”成果

上海：上海于 2018 年全国“两会”期间率先提出实施“一网通办”改革。目前，上海“一网通办”总门户统一身份认证平台已有个人实名用户 2389 万，法人用户超过 205.8 万；统一总客服累计接收并处理相关诉求 11.27 万件，解决率 99.28%；82.1% 的政务服务事项具备全程网办能力，93.87% 的事项具备最多跑一次的能力。

江苏：江苏在全国率先提出“不见面审批”改革。中办国办于 2018 印发的《关于深入推进审批服务便民化的指导意见》向全国推广江苏省“不见面审批”改革经验做法。目前，江苏省“不见面审批”事项清单达 12.24 万项，建成江苏政务服务网一网和移动端应用、支付宝小程序、微信小程序、微信服务号四端完整生态体系，网站和移动端已开设旗舰店 225 家，实现重点省级部门和设区市、县（市、区）全覆盖。

浙江：浙江在 2016 年 12 月首次公开提出“最多跑一次”改革。2019 年 1 月 1 日，《浙江省保障“最多跑一次”改革规定》作为全国“放管服”改革领域首部综合性地方法规正式实施。“最多跑一次”要求加快实现“跑一次是底线、一次不用跑是常态、跑多次是例外”。目前，“最多跑一次”已写入中央全会报告 1 次，列为中央深改组、深改委会议审议议题两次，连续 2 年写入国务院政府工作报告，相关经验做法在全国推广。最新的第三方评估显示，浙江省“最多跑一次”实现率达到 92.9%，人民群众满意率达到 97.1%。

安徽：安徽于 2019 年 10 月提出打造“皖事通办”平台。“皖事通办”平台通过进一步扩展服务范围、增加服务渠道、提升协同能力，为企业和群众提供全覆盖、无差别、高质量政务服务和社会服务的统一办事平台。目前，移动端应用“皖事通”已接入 22 家省直单位、16 个市，涵盖了公安、人社、教育、卫健、民政、住建等 20 个类别，4000 多项便民服务。“皖事通”装载量达到 3980 万，日活跃用户数量最高 571 万，累计提供服务访问 18.7 万笔（次）。

（二）建设经验

在上海“一网通办”、江苏“不见面审批”、浙江“最多跑一次”、安徽“皖事通办”改革实践过程中，各地都积累了大量有益的经验做法，通过取长补短的方式合作共建长三角“一网通办”平台。“一网通办”在长三角一体化方面的突出做法有二，即实施跨省身份认证和建立数据平台。

第一个是实现长三角区域跨省身份认证。全国一体化政务服务平台实现长三角区域跨省身份认证、电子证照共享，“一次认证、全网通办”；三省一市政务服务应用实现企业营业执照、居民身份证等 7 类高频证照扫码亮证。至 2020 年 4 月，长三角“一网通办”实现法人认证 5.31 万余次，个人认证 62.18 万余次，证照共享 2160 余次，电子亮证 172.1 万余次。

第二个是建成长三角区域数据共享交换子平台。三省一市共同制定数据交换规范、数据质检规则等，实现数据对接，完成政务服务事项办件库和事项库创建，入库率达 100%。至 2020 年 4 月，数据共享交换子平台累计交换数据信息 328 万余条，为三省一市“一网通办”运行提供了基础支撑。

专栏 7-3　三省一市“一网通办”经验

上海：优化业务流程，提升协同能力

第一是推进“双减半”。按照“四个一律不需提交”的原则，即没有法律法规依据的证明材料、能够通过数据共享或网络核验的材料、能够通过电子证照库调取的证照、能够通过告知承诺方式解决的材料都“一律不需提交”，大幅精简申请材料。

第二是抓好“双 100”。按照“一次告知、一表申请、一口受理、一网办理、统一发证”模式，对 105 件企业和群众关注度高、办理量大的事项进行了流程优化再造。以“收受分离”模式打破居民群众办事过程中存在的户籍地或居住地限制，新增 177 项个人事项实现“全市通办”。

第三是打造“综合窗口”。创新线下实体大厅窗口办事流程，推进企业服务事项向行政服务中心集中、个人服务事项向社区事务受理服务中心集中。推行“一窗受理、分类审批、一口发证”的“综合窗口”机制，统筹协调跨部门协同审批。

江苏：引入网上场景，开辟绿色通道

第一是引入丰富的网上应用场景。江苏省引入“淘宝”概念，组织开设综合服务旗舰店，鼓励省级部门和各地根据自身职能和地区特色，利用统一平台分别建设部门专业化旗舰店和市县百货式旗舰店，同时开展省市县乡村五级“互联网＋政务服务”建设，向群众和企业提供快捷、贴心且具有行业特色和地方特点的服务。

第二是开辟绿色通道特事特办。新冠肺炎疫情暴发以后，在省市政务服务网开设“新型肺炎疫情防控专题”，推行“网上办、预约办、邮寄办”等非接触服务；推行绿色通道服务，疫情防控紧急重点项目特事特办，为疫情防控相关企业简化审批手续。

浙江：依托数字技术，提升服务能级

第一是以数字技术作为关键保障。浙江省数据资源管理中心与浙江省编办等职能部门通力合作，选取市民、企业办件量最多的前100个事项，落实事项标准化，将办事材料分门别类整理为数据目录，并同步推进各省级单位的数据仓建设。

第二是提升服务能级。紧抓一窗通办、就近能办、告知承诺、智能秒办、无感智办、一证通办、区域通办等七批事项，提质线下服务。全面排摸“网上可办”事项，逐项整改优化，加快建设企业码，完善企业综合服务、金融综合服务等平台，增强移动端“浙里办”功能范围，并打通支付宝入口。

安徽：丰富服务渠道，强化平台功能

第一是全面推广自助端。施行7×24小时不打烊服务，在各级政务服务中心集中部署本级政务服务部门自助终端设备，在银行自助服务终端全面上线推广政务服务事项。

第二是探索推出电视端。重点针对老年人等群体和网络覆盖较弱的农村地区，在IPTV电视端推出“皖事通办”专区，提供办事指引、操作视频和基本服务，方便群众“在家办事”。

第三是强化平台功能。“皖事通办”平台通过与各政府部门、行业部门的业务系统深度对接、业务数据实时共享，实现政务服务事项的统一申报、统一流程监控、统一结果反馈和社会服务统一接入、统一管理和统一发布，大幅提升联合办理的协同能力和服务的运营管理能力。

（三）启示总结

第一，统一标准规范，着力提升改革攻坚合力。行政审批制度改革离不开事项标准化建设，而标准化建设又应以统一的标准规范作为前提。国办要求长三角地区实行“四级四同”国家标准，即在国家、省、市、县四级范围，规范办事指南核心要素。比如，上海“围绕云、网、数、应用”完善制度和标准规范体系，发布《上海市公共数据和一网通办管理办法》、电子证照、电子印章、电子档案3个配套管理办法和若干个标准规范，印发《上海市加快推进数据治理促进公共数据应用实施方案》等12份规范性文件和标准规范，出台《上海市公共数据开放暂行办法》。“一网通办”体制机制不断完善，改革攻坚合力持续提升。

第二，注重问题导向，解决群众和企业急需急盼。以“最多跑一次”“不见面审批”等为代表的行政审批制度改革，仅从命名来看，即明确把市民、企业的办事体验作为评判标准，由此倒逼各部门协力推进改革，从而改出了人民群众的满意度。比如，江苏“不见面审批”改革在全省建立了政务服务首席代表和首席信息官制度，实现业务和技术双轮驱动。秉持服务理念，大力推行基层全科政务“帮办代办”，对涉及多部门事项、复杂办理事项，大力推行全程帮办制，提供“店小二”式专业化服务，组建专业化代办队伍，为企业提供无偿帮办服务。

第三，打破行政壁垒，推进长三角政务服务跨界合作。长三角“一网通办”不是单个省市的改革任务，而是三省一市协同联动、共同推动的行政审批制度改革，需要深入推进跨区域合作。在《长三角地区政务服务“一网通办”试点工作方案》发布之后，各地纷纷开始通力协作，开展破壁行动。比如，在长三角生态绿色一体化发展示范区内，浙江嘉善、上海青浦、苏州吴江均已设立“长三角一体化”服务专窗，落实专人负责，并建立了三地联络小组，为实现跨区通办搭建了有效平台。同时，三地在准入一体化的基础上，通过跨区通办模式，探索为区域内企业提供绿色通道服务，实现企业常态化开办一日办结。

第四，因地制宜，根据实际制定最优方案。三省一市发展水平各不相同，各自按照省（市）内实际情况制定了最优方案。比如，浙江为促进“最多跑一次”改革落地，全省政务系统使用了政务钉钉。目前，政务钉钉已覆盖浙江省市县三级政府部门。又如，安徽充分发挥本土企业在人工智能、大数据等新兴产业的技术优势，借助数据共享、在线填表、电子签名等技术，提高网办效率。借助大数据构建用户画像，精准识别用户需求。同时，坚持立足现状、集约节约的原则，智能搜索、智能客服等一体化支撑平台由省级统一建设，避免重复建设。皖事通应用则由省级统筹运营管理，既提高了服务的开发效率，又降低了开发成本，走出了适合本省的成功实践之路。

第三节　长三角促进区域市场一体化的相关对策建议

针对长三角区域市场一体化发展过程中遇到的问题，借鉴区域市场一体化发展过程中的先进经验，在已有的工作基础上，结合未来长三角一体化的发展方向，在开放平台、一体化市场、营商环境、金融市场、信用体系五个方面给出相关对策建议。

一、共筑对外开放大平台

第一，合力打造开放发展平台。三省一市首先要高水平协同办好中国国际进口博览会，努力打造永不落幕的博览会。其次，长三角要加快建设虹桥进口商品展示中心、虹桥海外贸易中心等，打造高能级开放平台；相互支持举办世界制造业大会、华交会、上交会、世界智能制造大会、中东欧博览会等重大展会活动，做大做强长三角城市会展联盟；发挥长三角开发区协同发展联盟作用，组织长三角开发区对接交流，促进长三角产业转移，推动园区合作共建；协力把虹桥国际经济论坛打造成为比肩达沃斯的国际一流高层次经济论坛。再次，三省一市要推动长三角地区自贸试验区联动发展，支持国家级经开区、高新区、新区开展自贸试验区相关改革试点工作，在有条件区域开展先行先试，大力争创安徽自由贸易试验区；完善保税展示展销监管制度，支持虹桥进口商品保税展示交易中心和绿地全球商品贸易港等平台保税展示展销业务发展。

第二，合力推动对外贸易发展。建议以“一带一路”等新兴市场为重点，充分利用各自境外客商资源、平台渠道、营销网络等优势，在境外合作举办出口商品展览会，探索共建海外仓等平台，协同推进亚太示范电子口岸网络（APMEN）互联互通，共同开展贸易促进活动，合力拓展多元化国际市场。三省一市要共同推动上海、南京、杭州、合肥、宁波、苏州、无锡、义乌等跨境电商综合试验区建设，鼓励跨境电商龙头企业在长三角地区布局设点，共同打造长三角数字贸易论坛。同时，要开展长三角产业国际竞争力调查与评价体系建设，举办长三角产业安全论坛，加强长三角产业国际经贸风险防范。除此之外，要完善长三角区域大通关建设协作机制，深化长三角口岸物流项目合作，推动长三角区域国际贸易“单一窗口”建设交流与合作，推进通关数据交换、口岸物流信息对接、企业信用信息互认、监管执法信息共享，提升贸易便利化水平。

第三，合力促进对外投资合作。建议三省一市深入推进“一带一路”伙伴关系计划，加强长三角区域经贸外事协作，完善贸易投资促进网络，打造一批示范性项目。同时，要发挥长三角对外投资合作发展联盟作用，共同举办境外投资推介、境外工程承包对接活动，共同推进境外合作园区建设，共同加强项目实施、平台支持、培训咨询等方面协作，促进国际产能和装备制造合作，还可以借助沪苏浙境外合作园区等成熟平台，推动企业组团出海。

第四，深化长三角四个自贸试验区（新片区）常态化、机制化合作，推动《上海江苏浙江自由贸易试验区联动发展战略合作框架协议》落实。建议深化制度创新、产业发展、科技创新、金融服务、对外投资等方面的合作，共同支持沿海开放发展，深化洋山区域合作开发。同时，促进沪苏浙自贸试验区改革创新试点经验互学互鉴和复制推广，努力形成优势互补、各具特色、共建共享的协同发展格局。

二、共营区域一体化大市场

第一，深化重点领域标准体系建设。建议建立协调统一、运行高效的长三角区域标准化工作机制，建立国内领先的长三角区域标准体系，聚焦公共服务、交通、文化旅游、环境保护等重点领域推进区域协同标准的研制和实施，建立国内领先的长三角区域标准体系。同时，要畅通长三角市场网络，复制推广物流标准化试点经验，加快形成跨区域带托运输循环模式。除此之外，要聚焦集成电路、人工智能、生物医药等重点领域，共建检验检测联合实验室，联合培育国家质检中心、市场监管总局重点实验室和技术创新中心，建立面向长三角的市场监管科普信息资源平台。

第二，增强质量基础支撑能力。建议开展长三角质量提升示范试点，推进缺陷消费品召回合作；开展第二批供应链创新与应用试点城市与企业评定，将更多跨省、跨国经营的优势供应链核心企业纳入试点范围；开展长三角地区检验检测机构联合能力验证常态合作，建设绿色产品认证先行区，加强品牌合作互认保护。同时，要推进长三角地区国家级和省级产业计量测试中心建设，实施计量器具型式评价结果、计量专业项目考核合格证明和计量授权互认机制，并出台“沪苏浙皖”计量技术规范，推动区域内计量考评员共享互派。

第三，加快重点产品质量和安全信息追溯体系建设。建议优化长三角地区食用农产品质量安全信息追溯管理机制，进一步完善长三角地区重要产品追溯行业协会，推进实施食用农产品合格证制度，健全食用农产品安全信息追溯统一技术标准，依托食用农产品合格证附载追溯信息，促进长三角区域重点城市猪肉及重点品种的蔬菜、水果追溯信息互联互通。同时，督促食用农产品生产经营主体履行食品安全主体责任，依法进行注册登记，建立主体信用档案，建立监管信息库，实现数据共享。除此之外，推进物联网、大数据、区块链等现代科技在食品追溯数据采集、共享、分析等领域的应用，加强追溯制度、追溯标准等研究合作，推广二维码信息追溯新技术应用。

第四，促进打造消费增长新动能。建议发挥三省一市促消费联动机制，联合举办具有国际国内重大影响力的品牌首发活动，培育更多的新型消费增长点。同时，加强三省一市城市间商街商圈的数字化赋能及和智慧商圈建设，促进特色商业街区交流，研究发布长三角商务发展报告暨长三角城市商业发展报告。除此之外，开展长三角电子商务一体化发展示范行动，在网购、物流、支付、数据等领域实现深度融合和跨地区合作，加快推进预付卡管理合作，支持推广商户信用管理模式。

第五，营造放心满意消费环境。建议聚焦日常消费、服务消费、新兴消费等重点领域，全面推进放心消费单位创建。同时，深入开展“满意消费长三角”行动，围绕重点地区、重点行业，开展消费者满意度指数测评，广泛推行普通商品线下无理由退货，推广异地异店退换货，全面推进投诉信息公示，落实消费环节经营者首问和赔偿先付制度，完善有利于消费者权益保护的商品服务质量保障机制，并成立区域消费维权联盟。

三、共建营商环境新高地

第一，合力打造统一规范的标准体系，建议联合开展先进标准研制，积极将区域内的先进标准转化为长三角区域标准，发挥标准化对产业发展的引领作用。同时，提升标准创新能力，发挥长三角地区国际标准化工作优势，加强国际标准化人才培养，提升区域国际标准化参与水平。

第二，合力打造一体化的市场准入环境，实现证照管理一体化，在国家“多证合一”改革事项基础上，统一规范长三角地区“多证合一”改革事项目录，力争整合事项最多、改革范围最大、企业获得感最强。同时，推进服务方式一体化，拓展长三角“一网通办”深度和广度，将企业登记“一网通办”扩展至长三角所有 41 个城市（地级市），并在所有县级以上城市设立长三角“一网通办”线下专窗，实现长三角地区企业登记无差别“全域通办”。

第三，合力打造一体化的市场监管环境，加快提升价格协同监管、新业态监管能力，建立跨区域价格突发事件通气、重大舆情预警、案件快速协查、重大疑难案件联合查办等协作机制。同时，强化区域信用联合奖惩，全面推进联合奖惩机制建设，逐步实行失信行为标准互认、信息共享互动、惩戒措施路径互通的跨区域信用联合奖惩制度，实现“一处失信、处处受限”。

第四，合力打造一体化的质量供给环境，完善长三角区域计量保障体系，加快推进长三角和华东地区社会公用计量标准建设，促进区域社会公用计量标准建设整体水平跃升。同时，以质量提升行动为引领，整合市场监管领域品牌发展优势，建立品牌发展联盟体系，促进形成互利共赢、共同维护、协同发展的市场效应，开展长三角品牌交流活动，服务长三角品牌在国际化发展中的贸易布局、投资布局和生产布局，共同推进服务“一带一路”。

四、共树金融市场新标杆

第一，提供积极的金融支持。建议三省一市引导区域内金融机构回归本源，围绕长三角区域一体化中的基础设施建设、重大产业项目、公共服务等，鼓励区域内金融机构各展所长，充分利用货币信贷政策不断加大信贷投放，构建一体化经营管理体制和同城化服务模式，推动跨区域金融服务的便利化。同时，支持上海票据交易所建设供应链票据平台，在长三角有条件的区域率先推动应收款票据化、试点推广“贴现通”业务，切实降低中小企业融资成本。除此之外，探索允许保险公司长三角跨区域经营并实施备案管理。

第二，探索激发区域内金融创新潜力。建议抓住上海作为国家金融创新策源地的优势和机遇，延伸区域内金融机构的创新空间，探索长三角区域绿色金融协同发展，加强长三角生态绿色一体化示范区的跨区域机制探索，支持有条件的金融机构在长三角生态绿色一体化示范区设立专营机构。同时，建立长三角科技金融创新集群特区，依托自贸区、科创板等政策，推动金融科技与数字科技高度融合。支持金融机构设立专项资金，支持区域内重大项目建设。

第三，不断提升金融服务科创实力。建议三省一市充分发挥上海资本市场辐射带动作用，进一步发挥上交所资本市场服务基地重要作用，举办企业科创板上市推广、培训沙龙等活动，为科创企业对接资本市场提供一站式、个性化服务，支持具有“硬科技”的科创企业对接上交所科创板上市。同时，培育壮大后备企业资源，重点摸排科创板上市后备企业，力争更多企业上市挂牌。

第四，激发区域金融开放发展活力。建议三省一市加快金融市场对外开放，协作推进区域金融创新开放发展，逐步放宽银行业外资市场准入，吸引外资金融机构在区域内设点展业。同时，引导金融机构打破区域联动限制，深入推动区域内支付清算、票据流通、外汇管理、征信系统等金融基础设施一体化建设。除此之外，要提升综合金融服务平台应用效率和征信服务能力，拓展融资服务能力，实现区域内金融综合服务平台的互联互通，促进企业信用信息共享，积极开展金融创新合作，推动长三角更高质量一体化发展。还可以通过完善区域性股权市场，共同促进区域股权交易中心规范发展和互联互通，探索推动长三角区域性股权市场一体化发展。

第五，强化区域金融风险联防联控合力。建议三省一市联合共建金融风险监测防控体系，共同加强区域内金融安全宣传教育工作，共同防范化解区域金融风险。同时，积极研究建立长三角金融风险联防联控机制，推动各地现有的金融风险监测系统互联互通、信息共享，确保区域金融稳定。除此之外，在案件处理过程中积极配合重点案件主办地工作，强化沟通协作，妥善化解和处置相关风险。

五、共促信用体系新典范

第一，加快区域整体信用体系建设。建议加快长三角区域信用立法，推动江苏、安徽制定地方信用条例或政府规章，着力提升长三角信用工作法制化水平，为国家层面信用立法夯实基础。同时，构建长三角区域信用奖惩联动格局，推动相关行业主管部门结合实际开展跨区域信用合作，建立统一的联合激励惩戒主体认定标准，规范相关主体修复退出机制，推动联合奖惩措施落地见效。除此之外，要加强信用长三角平台建设，发挥中国长三角网站综合效应和信用中国的枢纽平台作用，进一步完善信用长三角平台信息归集机制，不断提升信用长三角网站的显示度，有效支撑区域信用信息共享交换。

第二，推动重点领域实施信用分类监管。建议贯彻落实国家加强信用监管的意见要求，细化完善事前信用承诺、事中分类监管、事后奖惩修复等相关措施，推动重点领域实施信用分类监管。同时，借鉴先行地区开展公共信用评价的经验和做法，推动各地开展公共信用评价，加强信用评价结果在政府公共管理及服务、信用惠民等场景中的深度应用，进一步综合各地公共信用评价结果和行业特色信用信息，统一开展重点领域信用评价，不断加强全过程信用监管合作，建立健全区域统一的信用监管机制。除此之外，加快推进城市管理执法、海事监管等领域信用体系建设合作，推动区域内信用信息共享共用、信用评价标准统一，共同提升区域信用监管水平；围绕生态环境、食品安全、产品质量、文化旅游等重点领域，持续推动跨区域信用联合奖惩。

第三，深化长三角城市信用合作。建议建立长三角城市信用合作机制，推动区域城市群社会信用体系建设，重点加强信用制度建设、信用信息共享、信用平台建设、信用联合奖惩、信用市场培育、诚信建设宣传等方面合作，营造“交流促发展、合作创共赢”的局面。同时，发挥江苏南京、苏州、无锡、宿迁，浙江杭州、温州、义乌，安徽合肥、淮北、芜湖、安庆，上海浦东、嘉定等示范城市（区）作用，探索城市信用体系建设互动、互补、互惠、共赢的合作新模式，不断拓展合作领域，带动辐射区域内有条件的城市（区）提升信用建设水平，创建国家社会信用体系建设示范城（区），不断增强区域凝聚力和竞争力。

第四，提升信用行业市场化发展水平。建议充分发挥有为政府和有效市场的优势，推动信用服务领域供给侧改革，研究推进长三角地区设立市场化个人征信机构，加大个人公共和市场信用信息资源的挖掘利用，丰富个人征信产品和服务的市场供给，助力提升我国个人征信行业发展水平。同时，加大公共信用信息开放力度，不断提升开放数据质量，创新数据共享模式，支持优质信用服务机构发展，培育一批具有较强市场公信力和影响力的信用服务机构。除此之外，加大三省一市政府各级专项资金对信用服务产业的扶持力度，打造一批区域性的信用服务产业基地，并充分发挥长三角三省一市信用行业协会联席会议作用，加强区域信用服务机构的交流合作，共同加强行业管理培训，加大信用服务行业、机构和产品的推介力度。

第八章

创新一体化发展体制机制
树立区域高质量发展典范

一体化发展体制机制是支撑所有一体化决策和执行的基础保障。2018年以来，长三角一体化在原有的体制机制基础上，结合长三角一体化上升为国家战略、加快推动建立新发展格局等新形势、新机遇，不断创新一体化发展体制机制，涌现了不少成功经验。长三角三省一市结合新形势、新要求和工作中的实际，不断革新完善一体化体制机制，包括新设长三角区域合作办公室、规划编制《长三角一体化发展三年行动计划》、提升专题工作组能级等。此外，三省一市勇于探索，推动各类跨区域功能平台建立，包括G60科创走廊、城市经济协调会、长三角国资投资服务平台等，具有较强的示范借鉴意义。面对此次突如其来的新冠疫情，长三角高效应对，释放一体化效应，其成功经验包括管好人员物资流动、做好联防联控、复工复产协同三点，彰显了一体化的成效，并为今后应对重大突发事件提供启示。

第一节　创新区域一体化合作体制机制

梳理2018年以来原有三级运作机制的新变化，重点介绍三级运作机制下执行层的主要工作机制——专题合作机制。

一、三级运作机制不断完善

2018 年以后，长三角已经迈入更高质量一体化发展的协同阶段。2018 年 1 月，上海会同苏浙皖共同组建长三角区域合作办公室，在上海实现联合集中办公。2018 年 4 月，习近平总书记对长三角一体化发展作出批示，要求上海要进一步发挥龙头带动作用，苏浙皖要各扬所长，有关部门也要大力支持，使长三角地区实现更高质量的一体化发展，更好地引领长江经济带发展，更好地服务国家发展大局。2018 年 6 月，长三角地区主要领导座谈会在上海举行。会议审议通过了《长三角地区一体化发展三年行动计划（2018—2020）》。2018 年 11 月，习近平总书记在首届中国国际进口博览会上明确提出国家支持长三角一体化发展并上升为国家战略，正式拉开了长三角更高质量一体化发展的新阶段。

从运作机制上来看，2018 年以前，决策层、协调层、执行层均采用轮值制度，即由沪苏浙皖三省一市以年为单位，轮流作为决策层的主办方组织召开主要领导座谈会。协调层、执行层亦采用轮值制度，轮值方与决策层的轮值方相一致。2018 年以后，为了更加注重回应实际工作中遇到的问题，在原有的“三级运作机制”基础上做了两大革新。

第一个革新是三省一市共同发起成立长三角区域合作办公室（以下简称“长三角办”），在上海实行联合集中办公。因此，当前执行层包括长三角办、联席办和专题合作组，按照有分有合、统分结合的原则，从不同层面、领域共同落实好主要领导座谈会和联席会议的决策部署，协调推进各项重点合作事项。

长三角办是长三角高质量一体化发展的服务平台和推进机构，在上海联合集中办公，主任由上海市发展改革委主任兼任，副主任由三省一市发展改革委分管领导担任，工作人员由三省一市联席办统一选派。长三角办负责对三省一市派驻工作人员进行统一管理、考核和保障。长三角区域合作办公室重在“合”，主要是加强战略研究、总体策划、统筹协调和督促检查等。其主要工作任务包括负责组织研究长三角区域一体化发展的重大问题；牵头编制中长期发展规划、三年行动计划和年度工作计划；负责重点领域合作事项的统筹协调和督促检查；负责统筹管理长三角合作与发展共同促进基金和长三角网站；负责统筹管理和协调城市合作专题组与长三角城市经济协调会的有关工作；与联席办轮值方共同做好主要领导座谈会和联席会议筹备工作；完成长三角地区主要领导座谈会和长三角地区合作与发展联席会议交办的其他事项。

联席办继续负责各省市范围内与各专题合作组的工作联系和协调，并按照轮值顺序承办联席会议。联席会议一般每年的第三季度召开一次，按照长三角地区主要领导座谈会的轮值顺序轮流承办。主要议程是分析区域一体化发展面临的新形势、新问题；总结交流长三角地区合作与发展工作情况；协商确定新一轮合作的方向和重点；协调解决区域发展重大问题。联席会议下设办公室，设在省（市）发改委，具体负责贯彻落实主要领导座谈会和联席会议确定的重大事项和重点目标任务；负责《指导意见》和《长三角规划》的组织实施；开展有关长三角一体化发展重大课题的调查研究工作；协调推进各重点合作专题组和城市经济合作组开展专项合作；提出联席会议商讨的合作项目和研究专题；承担长三角区域合作的日常联络协调工作。联席会议办公室每年召开两次会议。

专题合作组的重点是按年度工作计划明确的目标任务，分头推进落实，作为轮值方的相关部门要切实发挥牵头服务作用，提高专题合作成效。目前设有交通、能源、信息、科技、环保、信用、社保、金融、商务服务、产业转移、食品安全、城市经济合作 12 个重点合作专题。专题合作组设在各行业主管部门，是各领域合作的牵头单位和具体事项的实施主体，重点是按照三年行动计划和年度工作计划明确的目标任务，抓好推进落实。对工作推进中的重点难点问题，应提升协调层级，提请省市分管领导牵头协调，确保专题合作实效。

第二个革新是内部印发了《长三角地区一体化发展三年行动计划（2018—2020年）》，明确了长三角一体化发展的任务书、时间表和路线图，并通过任务分解的形式固化了每项重点任务的总牵头单位。

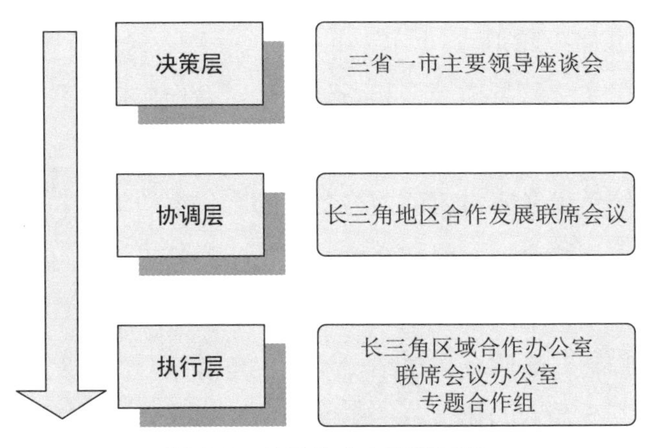

图 8-1　长三角合作机制示意

二、专题合作机制

长三角区域通过设立专题合作组推动各项工作在执行层面展开。专题合作组定期召开会议，协商解决年度工作计划执行过程中遇到的具体问题，协同推进本专题合作的各项工作。专题合作组轮值方主要职责：牵头制订专题合作年度工作计划、跟踪工作进展情况、开展工作总结，并及时报送长三角办、联席办；按照相关规划、计划协调推进本领域区域合作各项任务；定期召开专题合作组会议、研究协调专题合作中的相关事项；配合长三角办、联席办办好主要领导座谈会、联席会议等重要会议。当前，长三角共有12个专题合作组，各领域合作的牵头单位和具体事项的实施主体，由省（市）业务主管部门轮值牵头负责（城市经济合作专题合作组的长江三角洲城市经济协调会联络处常设在长三办，环保专题合作组的长三角区域生态环境保护协作小组办公室设在上海，不实行轮值），主要领导或分管领导任组长。

在具体工作中，各专题合作组的运作方式不尽相同，主要有以下三种模式：

固定模式：城市经济合作专题合作组的长江三角洲城市经济协调会联络处常设在长三角办（原常设在上海市合作交流办），不实行轮值。

双结合模式：环保领域有环保专题合作组和长三角区域大气、水污染防治协作小组两套机制同步运行，长三角区域大气、水污染防治协作小组常设办事机构在上海市环保局，而环保专题合作组按年进行轮值。

轮值模式：交通、能源、信息、科技、环保、信用、社保、金融、商务服务、产业转移、食品安全、城市经济合作 12 个专题合作组实行轮值制度。各专题合作组牵头方定期组织召开工作交流与协调推进会，并同步将有关情况与轮值方联席办和长三角办做好沟通对接。

为确保各项工作推进的连续性和实效性，当前联席办和专题合作组以主要领导座谈会审定的《长三角地区一体化发展三年行动计划》和国家编制印发的《长三角地区高质量发展规划纲要》等三省一市的共同行动纲领为指导，确保工作主线不断。专题合作组轮值以面上牵头为主，具体工作按照三年行动计划、年度工作计划的分工安排和“牵头抓总、一抓到底”的要求，由各项工作的牵头部门负责到底，牵头部门不因轮值而作调整。联席办结合新一轮机构改革组建专门队伍，不断充实工作力量，特别是轮值方向长三角办适当增派较高级别的工作人员，为加强工作联系提供保障。同时，工作任务较重的专题合作组也可向长三角办派驻工作人员集中办公，增强工作力量、密切工作联系、提高工作效率。要以适应长三角一体化发展需要为目标，依托长三角区域合作办公室和一体化示范区执委会，探索干部管理工作制度创新，探索建立长三角一体化发展干部培养交流机制，建立三省一市干部相互挂职交流等工作机制。

第二节　推动跨区域体制机制创新的生动实践

长三角三省一市充分发挥经济活力强、创新能力强的优势，积极推动跨区域体制机制创新探索，有效激发了区域经济潜力。本节主要介绍长三角生态绿色一体化发展示范区、G60 科创走廊、城市经济协调会等一体化创新发展实践。

一、长三角生态绿色一体化发展示范区

高水平建设长三角生态绿色一体化发展示范区（以下简称“示范区”），是实施长三角一体化发展国家战略的先手棋和突破口。2019 年示范区挂牌成立，构建了“理事会＋执行委员会（以下简称‘执委会’）＋平台公司”三级管理架构。

理事会由两省一市政府常务副省（市）长轮值，主要负责研究确定示范区建设的发展规划、制度创新、改革事项、重大项目、支持政策和协调推进，对两省一市党委政府负责。同时，积极探索市场化、社会化治理机制，组建企业家联盟，广泛吸纳国内外知名企业家、国际机构领导人、知名科研机构、智库等，参与示范区治理。

执委会作为示范区开发建设管理机构，负责示范区发展规划、制度创新、改革事项、重大项目和支持政策的研究拟订和推进实施，重点推动先行启动区相关功能建设。同时，根据两省一市人大常委会《关于促进和保障长三角生态绿色一体化发展示范区建设若干问题的决定》的授权，行使省级项目管理权限，统一管理跨区域项目，负责先行启动区内除国家另有规定以外的跨区域投资项目的审批、核准和备案管理，联合青浦区、吴江区、嘉善县行使先行启动区控详规划的审批权。执委会下设综合协调部、政策法规部、营商和产业发展部、生态和规划建设部、公共服务和社会发展部等机构，目前已经实体化运作。

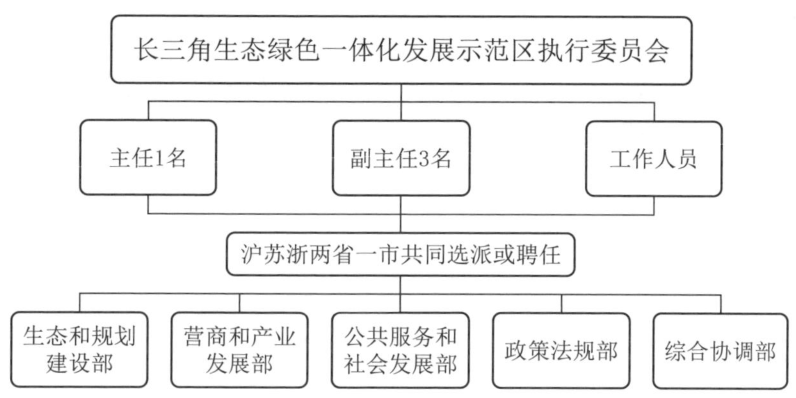

图 8-2　长三角生态绿色一体化发展示范区执委会组织架构

开发公司作为示范区开发建设主体，定位为市场化的投资运作平台。目前，已挂牌组建长三角一体化示范区新发展建设有限公司、长三角一体化示范区水乡客厅开发建设有限公司，推动“一个主体管开发”机制落地。

二、G60 科创走廊

长三角 G60 科创走廊包括 G60 国家高速公路和沪苏湖、商合杭高速铁路沿线的上海市松江区，江苏省苏州市，浙江省杭州市、湖州市、嘉兴市、金华市，安徽省合肥市、芜湖市、宣城市 9 个市（区），总面积 7.62 万平方公里。

建设思路上，G60 科创走廊紧扣“一体化”和“高质量”两个关键词，以市场化、法治化为导向，以“科创 + 产业”为抓手，以高标准创新能力建设为支撑，促进长三角基层加强合作和跨行政区域协调联动，着力打造科技创新策源地，着力打造世界级产业集群，着力打造产城融合典范，着力打造一流营商环境，形成资金共同投入、技术共同转化、利益共同分享的协同创新共同体，建成科技和制度创新双轮驱动、产业和城市一体化发展的先行先试走廊。

具体路径上，聚焦规划对接，推动长三角区域产业链创新链价值链布局一体化。立足 G60 科创走廊整体发展和长远利益，推动规划对接，资源整合，不断促进功能布局协同，形成分工合理、优势互补、各具特色的发展格局。聚焦战略协同，推动科技创新、制度创新、资源配置一体化。积极发挥G60走廊战略叠加优势，推进国家自贸试验区等一系列重大改革任务，在重大战略协同中增强服务全国能力。聚焦专题合作，长三角协同创新攻关推动高质量发展一体化。突出需求导向、问题导向、效果导向，推动重点专题合作内容向纵深拓展，精准发力，打造一批具有重大影响和示范作用的高水平合作成果。聚焦市场统一，推动科创要素按市场配置要求自由流动一体化。共同营造规则统一开放、标准互认、要素自由流动的市场环境，充分发挥市场在资源配置中的决定性作用，促进G60走廊合作向全方位、深层次发展。聚焦机制完善，推动长三角区域制度供给一体化。G60科创走廊作为长三角打造全国贯彻新发展理念的引领示范区、全球资源配置的亚太门户、具有全球竞争力的世界级城市群的重要载体和重要引擎，构建区域制度供给的协同机制。

建设目标上，到2022年，科创走廊建设初显成效。先进制造业和战略性新兴产业集群建设走在全国前列，现代服务业和先进制造业融合发展，产业链、创新链、价值链一体化布局达到较高水平，区域政策制度协同实施机制基本建立，一批改革创新举措集中落地，科技创新能力明显增强，掌握重点领域关键核心技术的企业显著增加。地区研发投入强度达到3%，战略性新兴产业增加值占地区生产总值比重达到15%，上市（挂牌）企业数量年均新增100家以上，高新技术企业年均新增3000家左右，引进高层次人才、应届高校毕业生等各类人才每年不少于20万人。到2025年，基本建成具有国际影响力的科创走廊。区域政策制度制定实施高效协同，金融服务体系更加完善，产业高端人才加快集聚，新兴产业蓬勃发展，形成若干世界级制造业集群，在国内外产业分工和价值链中的地位明显提升，成为我国重要创新策源地。地区研发投入强度达到3.2%以上，战略性新兴产业增加值占地区生产总值比重达到18%。

三、城市经济协调会

长江三角洲城市经济协调会（以下简称“城市经济协调会”）是由长三角地区地级以上城市，通过平等协商自愿组成的跨地区、开放型的区域合作组织。其前身为1992年建立的长三角地区城市协作部门负责人联席会议制度，1997年在此基础上发起成立了由各城市市长或分管副市长参加的“长江三角洲城市经济协调会”，第一次会议在扬州市举行，会议通过了《长江三角洲城市经济协调会章程》。2019年10月15日，长三角城市经济协调会第十九次全体会议在芜湖成功召开，实现了对长三角地区41个地级以上城市全覆盖。

城市经济协调会的基本宗旨是贯彻落实长三角一体化发展国家战略，推进和加强长三角地区城市间的交流与合作，充分发挥城市合作在一体化发展中的主体作用，拓展合作领域、完善合作机制、提升合作水平，促进各类要素合理流动和高效集聚，增强区域创新发展动力和综合竞争力，把长三角地区建设成为具有全球竞争力的世界级城市群。

城市经济协调会的基本任务是根据长三角地区主要领导座谈会的战略部署，按照各城市的发展需求，研究制定城市合作政策，商讨城市合作重大问题，推动城市合作项目实施，开展合作交流活动，发布合作交流信息，评估合作交流成效，共同推进长三角一体化发展。

城市经济协调会实行常任和轮值相结合的运作方式，上海市为常任主席方，执行主席方由各成员城市轮值担任。城市经济协调会下设办公室，负责处理各项日常事务。办公室主任由上海方担任，副主任由区域内副省级城市和省会城市（南京、杭州、宁波、合肥）担任，其他会员城市属办公室成员。决策机制主要包括三个层面，全体会议是城市经济协调会的最高决策机构，研究区域合作重大规划、协调解决重大问题、审议决定重要文件；办公室工作会议是城市经济协调会办公室的决策推进机构，根据全体会议精神，组织实施区域合作工作计划，推进区域合作专项工作，提出长三角一体化发展政策建议；主任办公会议是城市经济协调会办公室的议事处理机构，研究、处理重要日常工作。

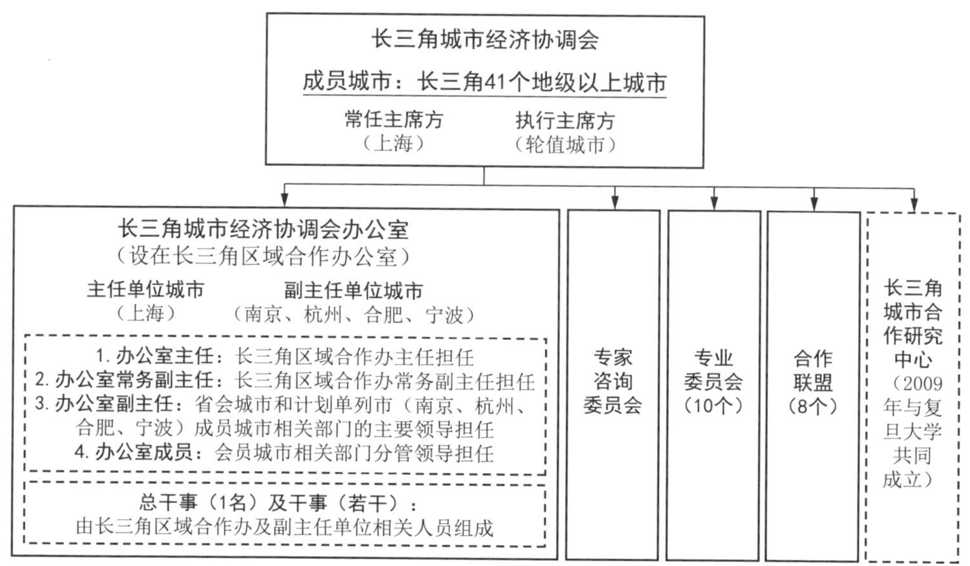

图 8-3　长三角城市经济协调会架构

当前，协调会办公室会同各成员城市编制形成年度重点合作事项清单，围绕科创产业、交通能源、公共服务、文化旅游等领域已经梳理了近 120 项跨区域重点合作事项。城市合作机制不断完善，合作形式不断丰富，合作的深度和广度不断提升，专业化服务水平不断提高。未来，城市经济协调会将认真贯彻落实习近平总书记重要指示精神和长三角一体化发展战略的各项部署，从城市合作的实际需求出发，充分发挥城市合作平台作用，进一步提升服务水平，完善协同机制，促进城市合作，各扬所长，相互赋能，共同把长三角城市群打造成强劲活跃增长极，更好地落实国家战略，服务全国发展大局。

第三节　在疫情中释放长三角一体化效应

面对突如其来的新冠肺炎疫情，长三角三省一市快速响应，通力合作，助力全国打赢疫情防控阻击战，稳住经济基本盘。本节首先介绍长三角疫情防控的总体成效，其次总结在本次疫情防控过程中涌现的成功经验和做法，最后梳理为今后应对类似突发事件提供的启示。

一、疫情防控总体部署及成效

2020 年初，一场突如其来的新冠肺炎疫情暴发并蔓延。以习近平同志为核心的党中央果断处置，全面部署，积极应对，全国上下齐心打响了一场没有硝烟的人民战争。作为全国经济发展最活跃、开放程度最高的区域之一，长三角在全国疫情防控大局中具有重要地位，打赢疫情防控阻击战，稳住经济基本盘、增强发展动能，既是长三角自身发展的内在要求，也是沪苏浙皖三省一市必须担起的重大责任。如何充分发挥一体化发展的协同优势，统筹推进疫情联防联控和经济社会发展是摆在长三角三省一市面前的重大课题。

2 月 5 日，经长三角区域合作办公室主任马春雷动议，三省一市联席办召开视频会议，就进一步发挥长三角区域合作机制作用，协同做好长三角疫情联防联控工作进行专题研究，会后印发了《关于持续做好长三角地区新型冠状病毒感染肺炎疫情联防联控工作的意见》。2 月 7 日，在上海市委书记李强倡议下，长三角主要领导专题视频会议召开，正式启动长三角疫情联防联控机制，围绕打破“画地为牢”的防控格局，明确了七个协同事项，就信息共享、重要防疫物资互济互帮、恢复生产人员物资通行便利、重大防疫管控举措相互通报等多个方面作出部署。随着疫情逐步趋于稳定，保障社会经济有序发展成了新重点。而此时，长三角很多企业因为生产链、供应链缺失，复工复产复市仍旧困难重重。2 月 27 日，三省一市主要领导再次召开视频会议，围绕统筹疫情防控和经济社会发展，进一步合作建立五项工作机制：通过推动“互认通用”的“健康码”，加强就业招工协调合作，梳理跨区域产业链企业清单，开展省际协调等措施，加快恢复经济社会发展秩序。

针对后续国外一些地区疫情呈高发态势、来自境外的输入性风险增加的新情况，三省一市协同加强入口管理、信息互通互认等，进一步做好涉外疫情防控工作。例如，边检部门建立了跨区域疫情应对协作机制，合作交流部门加强境外重点国家人员抵沪转运工作协同等。

疫情期间，长三角三省一市在分别管控好自身疫情的同时，通力配合，根据疫情发展的不同形势和阶段及时出台针对性措施，紧抓面上合作事项协同、块上毗邻地区协作、点上具体问题协调，迅速筑起疫情联防联控的共同防线，搭建复工复产的协同平台，为全国抗疫大局作出了应有的贡献。在疫情防控进入常态化的新阶段，长三角三省一市正深入酝酿紧密合作，积极推动把常态化的要求贯穿到应急指挥、医疗救治、联防联控等公共卫生体系建设的各领域各环节，全面提升区域公共卫生安全治理水平，厚植疫情防控和经济发展“双胜利”的坚实基础。

二、聚焦管好人员物资流动，创新推出“健康码”

在疫情防控的各个阶段，各地之间做到信息互通互认至关重要。长三角三省一市建立了确诊病例和密切接触者人员信息库，开展信息推送、交换、比对和通报工作，密切接触者的协查机制也有序运转；实行统一样式的重点地区人员隔离健康观察解除、密切接触者隔离医学观察解除、疑似病例解除、确诊病例出院告知单，并在长三角区域内核查互认；以呼吸科、感染科、重症医学等专业为重点，建立专家组省际沟通联系机制，就诊疗方案进行沟通。同时，还依托大数据、云计算等技术，织密了一张疫情防控的“信息网”。2020 年 2 月 11 日，浙江省杭州市率先推出“健康码”，实施市民和拟进入杭州人员的“绿码、红码、黄码”三色动态管理。3 月 5 日，长三角地区在全国率先实现“健康码”全覆盖，并探索依托数据共享交换平台，推动“健康码”在区域实现统一互认。3 月 26 日，长三角区域合作办公室发出《关于进一步做好长三角“健康码”互认通用机制落实工作的通知》，明确长三角“健康码”绿码可作为人员在三省一市的通行凭证，无需另行开具相关证明材料。

三、聚焦做好联防联控，携手用好“协办单”

长三角疫情联防联控工作千头万绪，涉及诸多领域，需要综合统筹发力。通行互认方面，为了保障重要物资运输畅通和恢复生产人员通行便利，三省一市推出“长三角疫情防控交通运输一体化货运车辆通行证”，持证车辆在长三角区域内可便捷通行，从业人员返回后无须再次隔离 14 天，免除了持证车辆重复查验、人员重复隔离，保障了防疫物资快速通关，探索形成了道口联防联控与互信互认的工作机制。物资互济方面，得益于工作机制和交通硬件设施的双重保证，疫情期间长三角地区的防疫物资做到了互济互帮。三省一市梳理出一批与物资供应保障相关事项，基本都得到解决，在 N95 防护口罩、红外传感器、防护服等物资方面也可以实现相互调配。事项互通方面，疫情期间，各地临时性管制措施较多，一方面，三省一市在制定临时性工作举措时，尽量考虑对周边区域影响；另一方面，专门建立了协办单制度，打通省际协调事项办理通道，各类事项都可以通过协办单跨省协调处理，制度明确，对于省际协调转办事项或提请协商事项，责任部门必须三天内研究形成工作意见。截至 2020 年 3 月 20 日，三省一市累计发出协办单 38 项（其中上海发出 9 项收到 4 项、江苏发出 1 项收到 19 项、浙江发出 8 项收到 10 项、安徽发出 20 项收到 5 项），所有事项均已办结并基本得到协调解决。

四、聚焦复工复产协同，全面打通“产业链”

为推动产业链上下游企业协同复工复产，三省一市在经济信息化部门建立专班专人负责的协作沟通机制，全面梳理形成打通跨区域产业链的企业清单，强化供需匹配和原材料、零部件生产供应协同，落实通关、物流一体化等举措，保障物资运输畅通。比如，上海为市内42家重点企业协调长三角217家供应链配套企业，协调为苏浙皖配套的100多家本地企业复工复产；江苏排出491家龙头企业上下游产业链清单，依托长三角产业链联动协作机制协调同步复工复产；浙江湖州、金华与上海松江等地，加强无纺布、鼻梁条、耳带等上下游材料协同供给，保障口罩等重点防疫物资稳定生产。

同时，长三角地区还联合搭建企业用工对接服务平台“长三角就业招聘联盟”，畅通企业间用工对接通道；围绕加大中央预算内资金和地方政府债券支持、金融助企纾困、财税和价格政策扶持、重大项目要素保障等方面，及时梳理共性政策诉求，及时上报国家领导小组办公室。

此外，三省一市还加强跨区域基础设施项目建设的沟通协调，对于已开工建设的项目，加强用工、物资运输等方面合作，抢抓项目建设进度；对于处在前期工作阶段的项目，联系做好规划落地、方案稳定、项目报批等相关工作，力争尽早开工建设。

五、疫情联防联控的启示

首先是坚持凝聚各个层面力量。只有推动在国家与地方、省和地市、毗邻地区等多个层面加强工作联动，才能守住疫情防控的区域防线，控住长三角经济基本盘，稳住长三角发展动能，发挥出“3+1>4”的效应。国家层面，长三角区域合作办推动三省一市与国家领导小组办公室密切沟通，积极争取国家关心支持。省级层面，推动长三角区域合作机制融入三省一市疫情防控办工作，打通特殊时期特殊联系渠道，让人员有序流动、物资互帮互济、协同复工复产变为可能。地市层面，充分发挥好各地方、各基层的主动性、创造性，并积极推广传播，加强学习互鉴。比如长三角区域合作办梳理沪苏浙毗邻的金山—平湖、青浦—嘉兴—吴江地区通过联合设卡共同做好疫情跨省界精准防控的经验做法，编入工作指引后印发，引起多地复制借鉴。

其次是坚持推动各个领域融入。长三角区域合作机制只有在各条线、各领域扎根立足才能密织疫情联防联控和复工复产的协同网络。此次疫情防控过程中，区域合作机制加快渗透融入，在各重点行业、各领域都形成了携手抗疫的理念自觉和共同斗争的伟大力量，真正变“各自防控”为“协同防控”，化“分散力量”为“集中全力”汇“涓涓细流”为“汪洋大海”。比如，三省一市公安部门发布《长三角社会安全警务合作工作方案》，实施7项疫情联防联控警务合作机制，加强情报互通、协同，从严打击涉疫类违法犯罪活动，携手跨省查处案件300余起，抓获违法犯罪嫌疑人360余名。又如，外防输入过程中，浙江、安徽边检部门主动派员支援上海口岸疫情防控工作。

最后是坚持调动各类主体参与。做好疫情防控不仅需要政府部门全面高效整合各类资源，还需要充分动员好社会各方力量、调动好社会主体积极性，凝聚起众志成城的磅礴力量。此次疫情防控工作，长三角地区鼓励各类市场主体、社会主体深度参与，并在特定领域推动切实发挥作用，为打好打赢疫情联防联控阻击战作出重要贡献。例如，临港新片区管委会牵线搭桥，视觉识别领域的高科技企业——上海同温层智能科技有限公司为特斯拉公司建立了快速测温识别门禁系统，助力超级工厂复工复产。又如，上海市普陀区企业波克城市研发了“口罩预约登记”小程序，以“互联网+”的方式解决了市民登记预约购买口罩的问题。

参考文献

［1］陈柳钦:《城市群：城市化健康发展的主体形态》,《学理论》2008年第18期。

［2］陶涛:《iPhone价值链中的国际分工》，第一财经2018年5月20日，https：//www.yicai.com/news/5424637.html。

［3］侯晓珊、刘顺:《基于短板理论和长板理论的高校创新创业团队建设》,《淮北师范大学学报（哲学社会科学版）》2016年第8期，第50—52页。

［4］范恒山:《长三角一体化重在补短板》，经济参考2019年6月26日，http：//dz.jjckb.cn/www/pages/webpage2009/html/2019-06/26/content_54732.htm。

［5］张凡、宁越敏、娄曦阳:《中国城市群的竞争力及对区域差异的影响》,《地理研究》2019第38（7）期，第1664—1677页。

［6］张璞玉:《构建长三角区域一体化发展新格局的思考》,《长江技术经济》2019年第4期，第26—30页。

［7］王振、尚勇敏:《长三角共建世界级产业集群研究》，上海社会科学院出版社2021年版，第1—10页。

［8］上海市经济信息中心:《三年行动计划实施情况评估单篇（科技产业）》。

［9］上海社会科学院:《“十四五”期间长三角一体化发展的阶段性目标、思路和重点举措研究》。

［10］首都科技发展战略研究院、中国社会科学院城市与竞争力研究中心:《2019中国城市科技创新发展报告》。

［11］浙江大学区域与城市发展研究中心、浙江大学长三角一体化发展研究中心:《长三角区域一体化发展战略规划深化研究——推进以创新策源地为引领的一体化发展战略》。

［12］科技部:《长三角科技创新共同体建设发展规划》。

［13］上海中创研究中心:《长三角打造世界级产业集群若干重大问题研究》。

［14］龙涛:《长三角地区历年出让工业用地规模及价格特征分析》，礼森园区智库微信公众号 2019 年 12 月 17 日。

［15］莫开伟:《遏制经济下行引发金融“马太效应”》，开伟观察官方微博 2019 年 7 月 15 日。

［16］中共中央、国务院:《交通强国建设纲要》，2019 年 9 月。

［17］中共中央、国务院:《国家综合立体交通网规划纲要》，2021 年 2 月。

［18］国家发展改革委、交通运输部:《长江三角洲地区交通运输更高质量一体化发展规划》，2020 年 4 月。

［19］国务院:《“十三五”现代综合交通运输体系发展规划》，2017 年 2 月。

［20］国家发展改革委、交通运输部、中国铁路总公司:《中长期铁路网规划（2016—2030）》，2016 年 7 月。

［21］国家发展改革委:《长江三角洲地区多层次轨道交通规划》，2021 年 6 月。

［22］中共中央、国务院:《长江三角洲区域一体化发展规划纲要》，2019 年 12 月。

［23］国家发展改革委:《国家公路网规划（2013—2030 年）》，2013 年 6 月。

［24］交通运输部、国家发展改革委:《全国沿海港口布局规划》，2006 年 9 月。

［25］交通运输部、国家发展改革委:《全国内河航道与港口布局规划》，

2007 年 7 月。

［26］国家发展改革委、中国民用航空局：《全国民用运输机场布局规划》，2017 年 2 月。

［27］薛美根：《长三角一体化综合交通网络研究》，上海市城乡建设和交通发展研究院，2020 年。

［28］周娜、贾晓雯、苏兆前：《打通省际断头路，互联互通连接长三角》，载《长三角一体化发展实践创新案例集（2020）》，长三角区域合作办公室、天目新闻、澎湃新闻，第 98 页。

［29］黄云灵、徐雪纯、陈静：《跨省毗邻公交常态化运行，畅通一体化示范区交通末梢“最后一公里”》，载《长三角一体化发展实践创新案例集（2020）》，长三角区域合作办公室、天目新闻、澎湃新闻，第 108 页。

［30］陈飞、陆伟、李健：《日本京滨临海工业区建设发展实践及启示》，《国际城市规划》2014 年第 4 期。

［31］陈小鸿、周翔、乔瑛瑶：《多层次轨道交通网络与多尺度空间协同优化——以上海都市圈为例》，《城市交通》2017 年第 1 期。

［32］冯姗姗、吴文娟、周浪雅：《日本民营铁路商业经营模式的探讨》，《铁道运输与经济》2015 年第 2 期。

［33］加尾章、李传成、闫晓芸：《日本交通枢纽车站的特点与启示——CFK（日本中央复建工程咨询株式会社）顾问加尾章访谈》，《城市建筑》2014 年第 3 期。

［34］蓝宏、荣朝和：《日本东海道新干线对城市群人口和产业的影响及启示》，《经济地理》2017 年第 8 期。

［35］李传成、赵宸、毛骏亚：《日本新干线车站及周边城市空间开发建设模式分析》，《城市建筑》2015 年第 5 期。

［36］李文静、翟国方、何仲禹、陈泽武：《日本站城一体化开发对我国高铁新城建设的启示——以新横滨站为例》，《国际城市规划》2016 年第 3 期。

[37] 谭瑜、叶霞飞:《东京新城发展与轨道交通建设的相互关系研究》,《城市轨道交通研究》2009 年第 3 期。

[38] 王宇宁、范志清:《轨道交通导向的东京大都市区新城发展路径研究》,《都市快轨交通》2016 年第 3 期。

[39] 王晓荣:《轨道交通与大城市形态互动演化关系研究》,北京交通大学博士学位论文 2018 年。

[40] 杨成颢:《日本轨道交通枢纽车站核心影响区再开发研究》,华侨大学硕士学位论文 2018 年。

[41] 于晓萍:《城市轨道交通系统与多中心大都市区协同发展研究》,北京交通大学博士学位论文 2016 年。

[42] 施益军、翟国方:《日本国土空间规划与新干线建设相互关系探究及其启示》,载《共享与品质——2018 中国城市规划年会论文集》,中国建筑工业出版社 2018 年版,第 718—727 页。

[43] 王祥、沈云樟:《上海市域快速轨道规划实施反思》,载《交通变革:多元与融合——2016 年中国城市交通规划年会论文集》,中国建筑工业出版社 2016 年版,第 1479—1488 页。

[44] 中华人民共和国生态环境部:《2019 中国生态环境状态公报》。

[45] 上海市生态环境局:《2019 上海市生态环境状况公报》。

[46] 刘建康、曹文宣:《长江流域的鱼类资源及其保护对策》,《长江流域资源与环境》1992 年第 1 期,第 17—23 页。

[47] 黄硕琳、王四维:《长江流域濒危水生野生动物保护现状及展望》,《上海海洋大学学报》2020 年第 29 期,第 128—138 页。

[48] 上海市经济信息中心:《长三角地区一体化发展三年行动计划(2018—2020 年)实施评估报告》。

[49]《长江三角洲区域公共服务便利共享规划(征求意见稿)》。

[50] 马建堂总主编:《长三角区域一体化的战略路径》,中国发展出版

社 2020 年版。

［51］上海市人民政府发展研究中心：《长三角更高质量一体化发展路径研究》，格致出版社 2020 年版。

［52］周振华：《智观天下：长三角区域一体化发展资政报告》，东方出版社 2021 年版。

［53］长三角区域合作办公室、天目新闻、澎湃新闻编：《2020 长三角一体化发展实践创新案例集》。

［54］夏丹：《一体化，要素自由流动是关键》，《浙江日报》2019 年 12 月 10 日。

［55］闫艳梅：《上海构建长三角区域资本市场的问题及对策建议》，《科技经济市场》2017 年第 11 期。

［56］黄征学、肖金成、李博雅：《长三角区域市场一体化发展的路径选择》，《改革》2018 年第 12 期。

［57］王慧娟、兰宗敏、王锡朝：《长三角区域协同发展的特征、问题与政策建议》，《经济研究参考》2018 年第 59 期。

［58］余东华、张昆：《要素市场分割、产业结构趋同与制造业高级化》，《经济与管理研究》2020 年第 1 期。

［59］谈肸：《长江经济带三大城市群市场一体化评价与一体化模式研究》，湖南大学硕士学位论文 2017 年。

［60］杨成长、蒋健蓉、阮晓琴、谢欣：《金融协同促进长三角一体化发展》，《上海证券报》2018 年 6 月 13 日。

［61］陈海盛：《长三角区域信用环境优化研究》，《上海城市管理》2021 年第 30 期。

［62］张璞玉：《借鉴国际经验推进长三角一体化示范区规划管理制度创新》，《科学发展》2019 年第 12 期，第 54—58 页。

［63］谢英挺、王伟：《从“多规合一”到空间规划体系重构》，《城市规

划学刊》2015 年第 3 期，第 15—21 页。

［64］谷人旭：《国际大都市区域规划经验的借鉴与启示》，《地理教学》2015 年第 9 期，第 1—3 页。

［65］王玉明、李永涛：《美国大都市区合作治理的组织模式与借鉴》，《四川行政学院学报》2018 年第 4 期，第 22—26 页。

［66］蔡玉梅、廖蓉、刘杨、范黎：《美国空间规划体系的构建及启示》，《国土空间规划》2017 年第 4 期，第 11—19 页。

［67］蔡玉梅、Jessica A. Gordon、谢秀珍：《主要发达国家空间规划体系的经验与启示》，《中国土地》2018 年第 5 期，第 28—30 页。

［68］武廷海：《纽约大都市地区规划的历史与现状——纽约区域规划协会的探索》，《国外城市规划》2000 年第 2 期，第 3—8 页。

［69］唐燕：《柏林-勃兰登堡都市区：跨区域规划合作及协调机制》，《城市发展研究》2009 年第 1 期，第 49—54 页。

［70］罗燕、秦玉：《美国区域规划管理探索》，《国际交流》2017 年第 2 期，第 72—73 页。

［71］冯革群、刘奇洪：《上莱茵河边境合作对我国的启示》，《外交学院学报》2001 年第 1 期，第 75—78 页。

［72］冯革群：《欧洲边境区合作模式探析——以上莱茵边境区为例》，《世界地理研究》2001 年第 12 期，第 54—61 页。

［73］上海市发展改革研究院：《从项目协同迈向制度创新：重点与突破——长三角区域一体化制度创新系列专题研究》。

［74］G60 科创走廊联席会议办公室：《G60 科创走廊总体规划 3.0 版》。

［75］《科技部　国家发展改革委　工业和信息化部　人民银行　银保监会　证监会关于印发〈长三角 G60 科创走廊建设方案〉的通知》。

后　记

掩卷思量，饮水思源，在书稿完成之际，课题组向所有参与指导与编辑的领导和同事们表达拳拳谢意。长三角一体化发展是完善我国改革开放空间布局的重大举措，是引领新时代经济高质量发展的重要部署。在著书过程中，课题组深感“诚惶诚恐”和“力有不逮”的压力，同时更感受到“砥砺前行”和“继往开来”的动力。可以说，如果没有各位领导和同事的帮助，本书不可能付梓，现一并致谢。

本书稿的形成要特别感谢上海市发展改革委和长三角区域合作办公室的大力支持，为书中研究提供了大量的决策实践支持和丰富的案例经验。感谢三省一市有关部门为在研究过程中提供了大量一手的资料和素材。

感谢上海市哲学社会科学规划办公室对本次系列图书编撰的组织。感谢成果评审中各位专家对书稿初稿提出的修改建议，其中大部分建议已经吸收修改在书稿中。感谢上海人民出版社在出版过程中对书稿的审校和编辑。

最后，感谢上海市发展改革研究院长三角一体化发展研究中心、城乡区域发展研究所参与编辑本书的全体研究人员，具体负责相关内容的整理和编辑。感谢本书主编阮青、副主编张勇，编委濮海虹、马海倩，参编人员屠烜、詹水芳、梅圣洁、张璞玉、邢妍菁、陈静、张方闻、吕梦轩、杨波、王果、汪曾涛、项颖倩、万欣、朱伟涛等。感谢上海市发展改革研究院各部门对研究内容的参与和贡献。

作者

2021 年 9 月

图书在版编目(CIP)数据

长三角一体化发展国家战略的新思考和新实践/上海市发展改革研究院著.—上海:上海人民出版社,2021
(上海智库报告)
ISBN 978-7-208-17511-2

Ⅰ.①长… Ⅱ.①上… Ⅲ.①长江三角洲-区域经济发展-研究 Ⅳ.①F127.5

中国版本图书馆 CIP 数据核字(2021)第 264153 号

责任编辑 罗 俊
封面设计 汪 昊

上海智库报告
长三角一体化发展国家战略的新思考和新实践
上海市发展改革研究院 著

出　　版 上海人民出版社
(201101 上海市闵行区号景路 159 弄 C 座)
发　　行 上海人民出版社发行中心
印　　刷 上海商务联西印刷有限公司
开　　本 720×1000 1/16
印　　张 13
插　　页 4
字　　数 176,000
版　　次 2021 年 12 月第 1 版
印　　次 2021 年 12 月第 1 次印刷
ISBN 978-7-208-17511-2/F·2733
定　　价 52.00 元